CÓMO VER EL AURA EN 60 SEGUNDOS

Mark Smith

CÓMO VER EL AURA
EN 60 SEGUNDOS

EDICIONES OBELISCO

Si este libro le ha interesado y desea que le mantengamos informado
de nuestras publicaciones, escríbanos indicándonos qué temas son de su interés
(Astrología, Autoayuda, Ciencias Ocultas, Artes Marciales, Naturismo,
Espiritualidad, Tradición…) y gustosamente le complaceremos.

Puede consultar nuestro catálogo en www.edicionesobelisco.com

Colección Espiritualidad, Metafísica y Vida interior
Cómo ver el aura en 60 segundos
Mark Smith

1.ª edición: junio de 2018

Título original: *Aurs: See them in only 60 seconds!*

Traducción: *Giovanny Durán*
Corrección: *M.ª Jesús Rodríguez*

© 1997, Mark Smith
Título publicado por Llewellyn Worldwide Ltd. www.llewellyn.com
(Reservados todos los derechos)

© 2018, Ediciones Obelisco, S.L.
(Reservados los derechos para la presente edición)

Edita: Ediciones Obelisco, S.L.
Collita, 23-25 Pol. Ind. Molí de la Bastida
08191 Rubí - Barcelona
Tel. 93 309 85 25 - Fax 93 309 85 23
E-mail: info@edicionesobelisco.com

ISBN: 978-84-9111-355-3
Depósito legal: B-12.663-2018

Printed in Spain

Impreso en Black Print CPI Ibérica S.L.
c/ Torre Bovera, 19-25 08740 Sant Andreu de la Barca (Barcelona)

¡VER PARA CREER!

Cómo ver el aura en 60 segundos es una exploración personal del papel vital que puede jugar la percepción áurica en su vida como un método para mantener la salud y el bienestar. Ver el aura humana es perfectamente natural y seguro.

Muchas personas ya son conscientes de las auras, pero tienden a imaginarlas en términos de sentir una vibración o sensación química.

Una vez haya dominado la habilidad para ver las auras, será capaz de determinar cuándo alguien está mintiendo, cuál es su profesión, y detectar las enfermedades antes de que éstas se manifiesten físicamente.

Aprenda técnicas de curación a través de la meditación sobre colores específicos. Ver las auras es el primer paso en un mundo más grande de mayor conciencia y las modalidades de curación alternativa como la terapia bioenergética.

Mark Smith ha expuesto sus teorías en Estados Unidos, en centros universitarios y en programas de radio y televisión, demostrando que sus técnicas son simples y efectivas. Ahora usted puede ver las auras por si mismo siguiendo diez pasos sencillos presentados en este libro. ¡Ya es hora de que usted vea aquello de lo que todo el mundo está hablando!

Para mi padre,
William Anthony Smith.

Requiem aetemam dona ei Domine,
et lux perpetua leceat ei.

Concédele el descanso eterno, oh, Señor,
y permite que la luz perpetua brille sobre él.

AGRADECIMIENTOS

Quisiera agradecer a las siguientes personas su amor y su ayuda en todos estos años, lo cual ha hecho que mi vida y este libro sean una experiencia sin igual.

John Fatland, M.D.
Russell Tilley, M.D.
Raymond Moody, M.D., Ph.D.
Rev. C. John McCloskey III
Rev. Francis Burch, S.J.
Robert Montague
Robert McEachem
Chalmers Wood II
Constance Abbott
Mary Phillips
Patricia Heller

PREFACIO

Creo que somos afortunados por vivir en una era en la cual hemos permitido explorar las viejas modalidades espirituales que durante tanto tiempo han estado relegadas al olvido. ¿Qué es lo que en realidad significa aura? Muchas veces, durante los últimos veinte años, he sido abordado por personas que de manera alegre me alaban por el color vibrante e inteligente comportamiento de mi aura, y por mi parte yo siempre acepto con orgullo el halago, aunque nunca tuve idea alguna de lo que estaban hablando.

Pero ahora todo ha cambiado.

¡Aleluya! Estoy complacido de que mi gran amigo Mark Smith haya escrito sobre este confuso tema. Y, más aún, de que haya convertido su nuevo libro en un manual con ejercicios, de tal manera que finalmente puedo ver el aura por mí mismo.

Mark escribe aquí no desde la perspectiva de algún teórico constructivo abstracto y esotérico, sino desde sus propias experiencias personales a medida que explora la dimensión más peculiar del espíritu y la mente humanos. Al considerarlo un amigo y una persona buena y sensible, espero reconstruir sus pasos a través de este nuevo e intrigante laberinto.

Para los no conocedores de este tema, como yo mismo, su obra, sin palabras incomprensibles, parece el lugar ideal para comenzar, esperando que muchos otros también exploren ese dominio con el libro que tienen en sus manos.

Raymond A. Moody, M.D., Ph.D.

PRÓLOGO

El hecho de haber crecido en la zona de Kenwood, cerca de Washington, D.C., en una calle rodeada de cerezos de los cuales caían flores rosadas y blancas en primavera, hizo que me acostumbrara desde muy temprana edad a estar rodeado de belleza natural y de una familia maravillosa, cariñosa y jovial. Mi madre, profesora de la escuela Montessori, que permaneció en casa hasta que yo terminé la primaria, me animó a ser lo que yo deseaba. Al interesarme muy temprano por la música y la ciencia (quise un violín para mi tercer cumpleaños y un equipo de química para la siguiente Navidad), entrené mi curiosidad, pero al mismo tiempo puse a prueba sus nervios. Esto, junto con una propensión por introducir cuchillos en los enchufes y un gusto por todas las cosas que tenían que ver con el fuego, se convirtió para mí en un trabajo a tiempo completo. Cuando no estaba trepando a la estantería de los libros (y tirándola sobre mí), estaba soltando el freno de los vehículos aparcados en las calles del vecindario. No se me pasó por la mente entrar en sus casas sin invitación y encender sus equipos de sonido o tocar sus pianos. No es de extrañar que ellos tuvieran una fiesta de vecinos el día que yo comencé la escuela, que tuviera que saludarlos, felicitándome por sobrevivir ¡a la edad de cinco años!

Sin embargo, la supervivencia hasta ese momento no estaba de ninguna manera asegurada, lo mismo que los riesgos y las tendencias autodestructivas o los vecinos que querían matarme. En realidad, yo casi «fallecí» cuando nací. Mi nacimiento se produjo seis semanas antes de lo previsto y mi peso era muy bajo. Como creyeron que era hidrocefálico, el doctor no confiaba mucho en mi supervivencia, especialmente porque el termostato en la incubadora, en la base naval Sangley Point, cerca de la ciudad de Cavity, en Filipinas, estaba estropeado y más de una vez estuvo a punto de electrocutarme. Mi padre, que era capitán de marina, movió algunos hilos, y en cuarenta y ocho horas hizo que un hidroavión de la Fuerza Naval de Estados Unidos volara con el doctor John Fatland llevándome en sus brazos hasta la base Clark de la Fuerza Aérea, donde me introdujeron en una incubadora que funcionaba correctamente. Aunque les dijeron que no sobreviviría al viaje, mis padres, muy religiosos, creyeron en la intervención divina en mi supervivencia (y en la marina de Estados Unidos).

En ese momento tuve mi primera experiencia extracorporal y mi única experiencia cercana a la muerte, tan viva hoy en día como lo fue cuando sucedió. Me encontré flotando sobre mi incubadora, mirando algo rojo, como una ciruela pasa con tubos conectados y preguntándome si habría algún error. No podía ser mi cuerpo, ya que yo debía estar dentro de la máquina. Algo iba mal y no me gustaba.

Mientras flotaba cerca del techo de la habitación en forma de L, yo percibía sensaciones cálidas y auras; el calor provenía directamente de arriba y el frío procedía de más abajo. También recuerdo que las paredes eran de color púrpura. La incubadora, en el extremo corto de la L, estaba apagada y separada de los otros bebés ubicados en el extremo largo de la estancia. Luego, una voz telepática me dijo que debía regresar dentro de ese cuerpo y que todo estaría bien; no tenía que preocuparme. Ésta fue una de las pocas veces en mi vida en que obedecí al instante.

Cada vez que me preguntan cuál es mi primer recuerdo, incluido cuando tenía tres o cuatro años de edad, yo me refiero a esta experiencia. También recuerdo de esa época imágenes vivas de ángeles de la guarda, algunas veces unos siete, y con más frecuencia dos o tres a la vez. Muy vívido también es el recuerdo de haberle dicho a mi madre que «cuando morimos es como despertar de una vida de sueños». Ella me miraba y con una expresión perpleja pero de aprobación decía: «Ah, eso es correcto, querido».

Hasta el quinto curso, a las 11:30, un jueves por la mañana, en un examen de matemáticas sobre fracciones, no tuve mi siguiente experiencia extracorporal. De nuevo estaba sobre mi cuerpo, flotando junto al techo, mirando hacia abajo. Y de nuevo el salón resultó visible de tal forma que no puedo describirlo adecuadamente, pero al instante reconocí que era una experiencia similar a la que tuve cuando era niño de cuarenta y dos horas de vida.

Esta experiencia extracorporal espontánea no fue causada por ningún tipo de trauma; ya había experimentado un total de seis cuando tenía veintiún años. Cada vez era más intensa que la anterior. El efecto acumulativo de estas experiencias me llevó a creer que tenía vocación para el sacerdocio. Nunca había escuchado nada sobre experiencias extracorporales, conciencia cósmica o proyección astral (solamente tenía cultura religiosa) para encontrarle sentido a estos estados de conciencia. También me refería a ellos como «orgasmos espirituales», a falta de una mejor descripción, ya que las palabras no son suficientes para abarcar por completo la variedad de sensaciones y emociones que evocan estas situaciones, aunque sepa cuándo tengo una.

Después de acabar la universidad y de haber considerado convertirme en jesuita, mi vida tomó un nuevo rumbo y comencé a viajar por todo el país como músico profesional, tocando la guitarra acústica y cantando mis propias composiciones; iniciando conciertos para grupos musicales como Jeffesor Starship, Jeff Beck y los miembros de Grateful Dead, las bandas de Bob Weir y Jerry García. Había hecho un largo recorrido desde mi primer recital de piano cuando tenía cuatro años, al actuar para veinte mil personas en lugar de veinte.

También pronunciaba conferencias sobre análisis de escritura en los centros universitarios en todo el país, y aparecí en televisión, al mismo tiempo que enseñaba a la gente como ver las auras.

Pero durante una presentación en Iowa mi vida completó un círculo cuando conocí al doctor de la Fuerza Naval de Estados Unidos, quien asistió a mi nacimiento treinta años atrás en la habitación en forma de L, de paredes de color púrpura. John Fatland y su esposa, Donita, habían mantenido contacto con mis padres durante años, enviándose felicitaciones de Navidad, desde nuestro regreso de Filipinas. Mi madre les comentó los conciertos previstos, donde había una parada en Des Moines, Iowa. Mi padre no necesitaba amenazarme en el caso de que no pudiera estar allí, porque estaba muy emocionado ante la expectativa de conocer finalmente a mis padres «de nacimiento».

Cómo nunca había hablado con ellos ni había visto una foto de ellos, mientras recorría la larga calle y me acercaba a la gran casa colonial, rodeada por hectáreas de rica tierra de cultivo, empecé a sentir miedo. Pero me emocioné al verlos salir por la puerta dando saltos, bajando las escaleras con los brazos abiertos para estrecharme en un abrazo de bienvenida. Todos empezamos a llorar de alegría, cuando nos abrazamos los unos a los otros, besándonos.

Este momento asombroso fue tan sólo eclipsado por las revelaciones de que en realidad se trataba de una habitación en forma de L, y las paredes habían sido pintadas de color malva con pintura que había quedado de la redecoración de la residencia del almirante. Me dijeron que se suponía que nadie sabía nada de la pintura, ya que éste no era el color reglamentario de la fuerza naval. Ellos la habían usado sólo para dar vida al lugar. También me comentaron que me ubicaron en el rincón de la habitación, cerca del armario, para mantenerme lejos de los otros bebés, que me podían transmitir microbios.

Me enteré de que Donita había estado embarazada de gemelos cuando yo nací, y que ella también había dado a luz prematuramente, perdiendo a uno de los bebés. Ellos siempre sintieron una cercanía especial hacia mí, ya que creían que yo era «el que ellos salvaron». El doctor Fatland se puso serio cuando comentó: «He hecho alguna investigación sobre esto y no pude encontrar a un bebé más pequeño que sobreviviera en los archivos el año que usted nació. No sé por qué está aquí en este momento, pero al igual que todos, estamos aquí por alguna razón».

I

VER EL AURA

Éste es el comienzo de un viaje que nunca termina.
A medida que aprendía más, más consciente era
de lo poco que sabía.

No puede ser posible. ¡No hay forma de que puedas ver el aura! Tal vez en tus sueños, o en los cuadros viejos de los santos, ¡pero no aquí, no ahora, no en mi sala!

Pero eso es exactamente lo que estaba viendo casi cuarenta años atrás cuando mi amigo estaba inmóvil justo frente a mí explicando simples técnicas que cualquiera puede aprender. Incluyendo escépticos como yo. Tal vez no vi los colores, y la forma e intensidad estaba cambiando constantemente, pero no había ninguna duda. Esa envoltura plateada brillante medía unos cuantos centímetros alrededor de su cabeza y hombros, y no se estaba alejando. ¡En realidad, conque más la miraba, más brillante y grande se volvía!

Así es como comenzó todo. De esta forma me aficioné a ello. En unos pocos días pude ver los colores. Luego descubrí que podía ver mi propia aura en el espejo usando la misma técnica básica. Empecé a leer libros, principalmente esotéricos, guías agotadas acerca de meditaciones sobre el color y qué parte del cuerpo afectaba a cada vibración del color. Fue como si se me hubiera abierto una puerta a un mundo nuevo. Un mundo que los viejos y los sabios de todas las edades conocían y daban por sentado.

Éste fue el comienzo de un viaje que nunca termina. A medida que aprendía más, más consciente era de lo poco que sabía. Y todo comenzó esa tarde de verano mientras el sol emitía una suave y uniforme luz en el interior de mi viejo apartamento-estudio, tres calles más arriba de la calle N, justo a las afueras de Georgetown.

Cómo ver el aura

He aquí el modo en que usted también «puede ver la luz».

Coloque al sujeto a unos 45 cm frente a un fondo blanco. Permita que la persona se relaje y respire profundamente. Para una mejor visión, usted deberá situarse al menos a 3 m de distancia, y las luces no deberán ser muy brillantes o alumbrar directamente al sujeto. La iluminación natural es la mejor. La técnica para ver el aura requiere que usted mire más allá de la cabeza y el área de la espalda. Concéntrese en la pared que se encuentra detrás de la persona. Mientras mira fijamente la silueta del cuerpo, observará una envoltura blanca borrosa o plateada grisácea que rodea el cuerpo. Parece como si una luz estuviera detrás de la persona, apuntando hacia arriba.

Luego lo más probable es que desaparezca.

Esto sucede porque la reacción natural de la mayoría de la gente cuando ve por primera vez esta envoltura es desviar su atención sin darse cuenta hacia la persona, y no continúa mirando fijamente la pared. Tan pronto como vuelva a concentrarse en el fondo, la envoltura volverá a aparecer. Usted debe ejercitar sus ojos para que no retornen al foco normal. Esto es lo más difícil de aprender. Una vez haya dominado la técnica de mantener su mirada fija a través de la persona, será consciente de que los colores, las formas, los rayos e incluso los campos áuricos secundarios serán fácilmente visibles.

Ver más allá de la envoltura

Esto puede llevarle algún tiempo. Aunque yo pude ver la envoltura, o, como algunos dicen, «Casper el fantasma \ amigo», inmediatamente, me tomó tres días hasta que pude observar los colores. ¡Pero qué colores! El amarillo o el rosado es el primero que ve la mayoría de la gente; luego el azul, el verde o el púrpura. Algunos de ustedes verán el color de inmediato.

Unas pocas personas con las que he trabajado nunca ven color alguno, a excepción del amarillo de vez en cuando, pero todas han visto al menos la envoltura. Si usa gafas, quíteselas, ya que esto le puede resultar de ayuda, aunque hay estudiantes que obtienen mejores resultados con ellas. El tipo de luz también es un factor importante. La luz fluorescente es la peor; en cambio, la luz natural indirecta es la mejor. La luz directa del sol es muy fuerte, y su brillo hará desaparecer el aura. La luz de una vela es mejor, pero tenga cuidado de que la vela no refleje sombras sobre el fondo de visión.

Intente este paso con varias personas. Haga que respiren y exhalen profundamente. Un consejo: haga que reciten el alfabeto poco a poco, respirando cada dos letras. Luego acelere tras la letra M, hasta terminar el resto de las letras sin respirar, si es posible.

A medida que varía el patrón de respiración notará un cambio en el aura. En algunas personas el aura se expandirá cuando respiren con más rapidez. Si no respiran bien, es decir, lo hacen de manera poco profunda, el aura se reducirá. Respirar completa y profundamente es el ejercicio más simple y energizante que puede hacer. Cuando el sujeto inhala, el aura parece que se encoja un poco, y cuando exhala por completo, ésta parece que se expanda. Si el patrón de respiración cambia a respiración poco profunda, el aura del sujeto puede aparecer muy débil y cerca del cuerpo.

Otro consejo útil: haga que los sujetos se muevan suavemente de lado a lado. Advertirá que el aura se mueve con la persona. Algunas veces ésta permanece junto al sujeto, mientras que otras se queda rezagada. Puede ver una bola de color sobre un hombro, o una línea de luz fuerte y brillante en un brazo. Estas luces pueden brillar de forma intermitente y luego desvanecerse.

Vibraciones del color

No existe un aura correcta o un aura equivocada ni un color mejor que otro. Algunas sombras de colores pueden indicar menos aspectos deseables, pero el brillo y la claridad de las auras denota varios períodos de bienestar, paz y felicidad.

Lo claro y brillante es mejor que lo oscuro y lóbrego. Las tablas que aparecen al final del libro iluminarán el espectro de color, y deben tomarse como una guía general para comprender el significado de cada uno de los colores.

Con mucha frecuencia, las auras tienen un color base que está cerca del cuerpo y no irradia más que unos cuantos centímetros desde el área de la cabeza y el hombro (aunque todo el cuerpo está rodeado por el aura, es más fácil ver alrededor del área de la cabeza y el hombro). Este color puede estar mezclado con otro, por lo general el siguiente color más arriba o más abajo en el espectro solar.

Por ejemplo, una base amarilla se mezclará con el verde o el amarillo, y podría aparecer de color amarillo verdoso por un momento, volver a amarillo mientras continúa mirando fijamente y luego cambiar una vez más a un rosado anaranjado antes de volver de nuevo al amarillo.

El aura humana no es estable, y, por lo general, cambia de acuerdo con los estímulos internos y externos. Todo lo que hacemos, decimos, o pensamos influye en nuestro campo de energía. El color que irradiamos es fruto de nuestros ambientes físicos, así como de la gente con la que entramos en contacto y los campos de energía que estos factores irradian. Lo que comamos y bebamos, y cualquier medicamento que tomemos, contribuye a conformar nuestra imagen completa. Incluso nuestros patrones de respiración afectan o modifican el aura, como hemos visto antes.

Todos hablamos sobre «vibraciones» o «química» entre la gente. Las primeras impresiones se forman instantáneamente. Gran parte de ello se debe a aspectos visuales: atracción general, ropa, presencia física y postura. Positiva o negativamente, de manera consciente analizamos y valoramos a otros individuos en cuestión de segundos después de conocerlos. Y de modo subconsciente hacemos lo mismo; las vibraciones o la química pueden ser intangibles, pero la interacción de los campos de energía nos da instintos de arrojo que pueden ser más sutiles, a veces sólo un presentimiento sobre el nivel máximo de compatibilidad.

Ésta es la razón por la que a usted no le gustan algunas personas que pueden ser muy atractivas para otras o por la que a usted le gusta alguien de inmediato, que tal vez no sea muy atractivo físicamente. Es el «no sé qué» sobre lo cual usted no puede influir, pero que lo atrae o lo repele. Este «no sé qué» puede ser nuestra vibración electromagnética, que es visible para nosotros en el aura cuando la luz pasa a través de ella (y se siente cuando nos volvemos sensibles a través del ejercicio en terapia bioenergética).

La velocidad de la vibración determina qué color vemos. El rojo, ubicado en la base del espectro solar, es una onda larga y lenta. El naranja, el amarillo y el verde son ondas progresivamente más cortas y rápidas, y se ven de un modo más fácil. El azul y el violeta son los más rápidos y más difíciles de ver, suelen aparecer en el aura exterior (astral), que es diferente del aura interna, más brillante (etérica), que aprendimos a ver en primer lugar. Algunas personas tiene el violeta en su aura interna, lo que denota un gran logro espiritual. Si se ve en el aura externa, indica gran capacidad espiritual. De igual forma, el dorado es un color altamente desarrollado, e indica mucho poder. Puede aparecer como una bola de energía sobre la cabeza o en lo alto de un hombro.

En las clases que he impartido, los estudiantes han visto rayos dorados que irradian hacia arriba desde algunos sujetos o formas geométricas, como triángulos, alrededor de otros. Algunos sujetos parecen que estuvieran usando orejas de burro que se extienden unos cuantos centímetros sobre sus cabezas. Estos fenómenos son presenciados por no más de seis personas a la vez, y cuando se les pide la descripción de lo que han visto, la mayoría corrobora estas imágenes con gran detalle.

Ejercitar su visión

Ahora ya dispone de la técnica básica para ver el aura. Como cualquier otro músculo, usted necesita hacer ejercicios para desarrollarlo y mantener la fuerza de esta nueva habilidad. Pruebe con varias personas diferentes en ambientes distintos, teniendo en cuenta los aspectos básicos: una pared de color blanco o neutro, iluminación no directa y que el sujeto se ubique al menos a unos 45 cm de distancia de la pared y a 3 m de usted. Lo más importante, permanezca concentrado en la pared, no en el sujeto.

¿Opina ahora que ha descubierto su sexto sentido después de haberlo buscado durante tanto tiempo? Incluso usted puede ver su propia aura en el espejo. Sólo concéntrese en la pared o lo que haya detrás de su imagen, y mientras mira fijamente (y respira), la verá.

No se desanime si no ve colores inmediatamente. Relájese y siga intentándolo. Cuando los vea se sorprenderá. Los colores, aunque sutiles al comienzo, son muy intensos. Con la práctica puede comenzar a ver auras en una variedad de lugares, bajo varias condiciones de iluminación y frente a fondos no del todo óptimos. Con un poco de suerte, este nuevo talento se convertirá en algo muy natural.

2

EL TOQUE ÁURICO

¿Es posible que antes de que nos saturáramos con todas las formas modernas de los medios masivos de comunicación fuéramos capaces de ver las auras de manera rutinaria? ¿Es posible que estas capacidades sean suprimidas por nuestra dependencia de la tecnología y nuestra confianza en la ciencia?

Todos hemos visto ángeles o santos representados en cuadros. Siempre son pintados con una luz que rodea su cabeza o algunas veces todo su cuerpo. Con frecuencia se muestran rayos de luz que salen de detrás de la cabeza y los hombros de forma geométrica. Esto es cierto en todas las culturas y regiones. Buda, Mahoma, Visnú, Moisés, los profetas, los santos y Jesucristo; todos son mostrados envueltos en luz, por lo general dorada, plateada o de color claro.

¿Es posible que antes de que nos saturáramos con todas las formas modernas de los medios masivos de comunicación, fuéramos capaces de ver las auras de manera rutinaria? ¿Es posible que estas capacidades sean suprimidas por nuestra dependencia de la tecnología y nuestra confianza en la ciencia? ¿Hemos dejado que la mente racional y consciente deje totalmente de lado nuestras personalidades subconscientes? Quizá un redescubrimiento de estos talentos innatos abrirán un mundo nuevo (viejo) para brindar el enriquecimiento no encontrado en las formas modernas de entretenimiento.

Ciertamente, mi vida ha cambiado con el descubrimiento y uso de estas habilidades: primero al ver el aura, y luego al sentirla. Es probable que mi vida se salvara agracias al uso de la bioenergía y las técnicas terapéuticas incluidas en la curación a través del campo áurico. Esto sucedió en mi primera visita a la casa de Mietek Wirkus, un emigrante de lo que era entonces la Polonia comunista. En 1986, Mietek, su esposa y su hija habían llegado a Estados Unidos y estaban empezando a introducir las técnicas bioenergéticas en la zona de Washington, D.C. Ellos trajeron consigo un gran número de conocimiento y experiencia nueva para Occidente, pero usada de forma amplia en todo el bloque oriental y la Unión Soviética.

Siendo un niño, Mietek había demostrado extraordinarios dotes curativos. El Instituto Kirlian de Leningrado y el Instituto Popov de Moscú estaban trabajando sobre los fenómenos bioenergéticos a comienzos de la década de 1970. Mietek aprendió estas técnicas curativas, y más tarde trabajó para varios centros médicos en Polonia, como la Clínica Médica Isis en Varsovia, y algunas veces atendía a más de cien pacientes al día. Aunque parezca increíble, como parece, él fue capaz de ayudar a estas personas sin llegar a cansarse físicamente. Aprendió el secreto de esta dura labor por medio de estudios con un profesor tibetano, quien le enseñó una técnica que denominó «la respiración juvenil». Una vez se conoce, le permite a la persona canalizar grandes cantidades de energía a través del cuerpo sin causar fatiga o agotamiento. ¿Recuerda cómo cambiando el patrón de respiración cambia también el aura observada? El efecto de la respiración adecuada se debe enfatizar para mantener una buena salud, y es uno de los factores más importantes en la transferencia de energía.

Estas sesiones de terapia bioenergéticas son la forma más rápida (y, con frecuencia, la mejor) de tratar molestias o alteraciones como la fiebre, los calambres, los espasmos musculares y los desórdenes neurálgicos, lo que le permite a los cirujanos desempeñar su trabajo con más efectividad en un caso de cuidado intensivo. Usada junto con la medicina occidental, la terapia bioenergética fue descubierta en Polonia y la Unión Soviética, quienes incorporaron estas técnicas a comienzos de la década de 1980, para mayores beneficios en casos pre y post operatorios, al reducir el dolor y contribuir a una recuperación más rápida sin los efectos secundarios asociados a los fármacos.

Cuando me encontré por primera vez con Mietek, yo estaba impartiendo una clase sobre las auras en la embajada de Birmania en Washington, D.C. Alrededor de sesenta personas acudían a aprender la técnica simple descrita en el capítulo 1. Fue en este ambiente ideal, en un gran salón de baile de alabastro con arañas de cristal y espejos, donde dominé las técnicas para ver el aura.

En este tiempo, un estudiante se me acercó con un artículo sobre un hombre que no solamente veía las auras sino que también curaba a la gente sin siquiera tocarla. Al mes siguiente me sorprendí al encontrar a este hombre, Mietek, y su familia en mi clase. Él no hablaba inglés, pero podía entender gran parte de lo que se decía; su esposa, Margaret, que era políglota, le ayudaba con el resto. Ella me dijo lo felices que estaban de que alguien en Estados Unidos estuviera haciendo este trabajo, y parecían realmente impresionados con el contenido y la forma de la conferencia que acababa de presentar.

Margaret me preguntó si me gustaría ir a su casa a cenar, donde discutiríamos sobre la posibilidad de que le enseñara las técnicas áuricas visuales a sus estudiantes de bioenergía.

La curiosidad fue un factor esencial para que aceptara su invitación, pero también sentí que el destino me atraía hacia ellos y a su nuevo mundo extraño; es como si supiera que estaba siendo llamado a hacer algo que nunca habría decidido hacer por mi cuenta. Mi escepticismo natural iba a agotarse y lo más probable era que yo no tuviera una estructura de creencia basada en lo oculto. Pero entonces nunca habría creído que podía ver un aura hasta que me la mostraron enfrente de mí.[1] Al fin y al cabo, mi segundo nombre es Tomás.

---

1. Jesús de Nazaret, según la Biblia, tras su resurrección recriminó al Apóstol Tomás: «Porque me has visto, Tomás, creíste». *(N. del E.)*

3

MANOS A LA OBRA

*Pude sentir su energía y calor inmediatamente
cuando colocó sus manos cerca de mi cuerpo, masajeando
y suavizando mi aura, conduciéndome hacia arriba.
Después estuve mareado durante algún tiempo,
muy relajado pero no agotado. En realidad sentía
alegría y una emoción extraña…*

Parece difícil creer que una persona ya estaba enseñando cómo ver las auras a un grupo. Yo era escéptico sobre la terapia bioenergética, y tenía mis dudas, pero estaba determinado a ver para creer. Este escepticismo fue común en mi primer encuentro con Mietek, cuando me describieron este curso con detalle, pero estuve de acuerdo en impartir clases a sus estudiantes cada vez que fuera necesario. Al final de la tarde, casi en broma, le pregunté a Mietek si él me enseñaría.

Sin saber nada sobre la técnica, decidí que sería un observador objetivo y juré que no cedería ante cualquier cosa que se presentara. Yo era fuerte y saludable, aunque estaba un poco adolorido por haber hecho un esfuerzo excesivo en el partido de béisbol del día anterior.

Mientras él me indicaba lentamente con la mano que me pusiera de pie y caminara hasta el centro de la estancia, en silencio examiné todas las partes de mi cuerpo, y encontré una molestia en el codo derecho, causado al lanzar el balón con mucha fuerte; una molestia en la rodilla izquierda por deslizarme en pantalones cortos en la segunda base, y una molestia en la amígdala derecha. Estaba muy seguro de que no se descubriría ninguno de estos pequeños malestares. Simplemente debía observar la técnica, decir algo bueno sobre lo bien que me sentía, darles las gracias por la invitación y marcharme.

Pero sucedió algo extraño.

Mietek no solamente se detuvo de repente y examinó cada parte del cuerpo que me dolía, sino que también encontró un área en mi abdomen bajo a la que volvió dos veces, un lugar donde no sentía dolor. También parecía dedicar mucho tiempo a mi área del corazón.

Pude sentir su energía y calor de inmediato cuando colocó sus manos cerca a mi cuerpo, masajeando y suavizando mi aura, conduciéndome hacia arriba. Después, estuve mareado durante algún tiempo, muy relajado, pero no agotado. En realidad sentía alegría y una emoción extrañas…

Definitivamente pude sentir la energía, pero aún me sentía escéptico. Sí, él había descubierto mis puntos neurálgicos, pero parecía mucho más preocupado por mi corazón y mi estómago, que no me dolían. Al fin y al cabo, ¿que problema podían tener si yo no tenía ningún dolor en esas partes? Mi último vestigio de escepticismo desapareció un mes después cuando un examen sigmoidoscópico, realizado en un chequeo de rutina, reveló un pólipo en mi colon.

¿Qué está pasando?

¿Cómo explicar el resto de la experiencia? Después de que terminara me senté un momento y experimenté una maravillosa sensación de paz. Él acertó sobre mi rodilla, codo y amígdala, pero lo más importante es que estaba muy preocupado por mi corazón. Margaret preguntó si había habido alguna muerte reciente en la familia, o si tenía muchas preocupaciones.

—Esto podría estar causando una congestión de energía alrededor de su corazón –dijo ella, además de agregar–: ¿Usted toma bebidas alcohólicas?

—Un poco» –respondí, recordando que tomamos vino en la cena.

—Bien –dijo ella–. Un poco de vino tinto, o, mejor aún, coñac, puede ser muy bueno para su corazón.

En ese momento me preguntaba cuánto bebían ellos.

En realidad parecían muy sobrios, pero ahora tenía muchas más preguntas que respuestas, y estaba listo para explorar más a fondo este fenómeno. Saber que pronto me estaría reuniendo con sus estudiantes me produjo aún más curiosidad. Tal vez ellos serían capaces de demostrar, o no, la validez de lo que yo acababa de experimentar.

Margaret continuó diciendo que algunas personas experimentan frío o incluso destellos agudos y breves de color cuando la energía entra en contacto con un área de «enfermedad». Yo, como mínimo, sentí calor y estuve cómodo durante toda la sesión, que duró tan solo unos cinco minutos. Tal vez sólo me interpretó equivocadamente.

Luego sucedió otra cosa extraña.

En una semana, vi un poco de sangre en mis deposiciones. Llamé al médico de familia quien me recomendó una serie completa de lavados gastrointestinales, junto con un examen del recto. También fue necesario analizar mi sangre.

«Tiene que hacerse de nuevo el análisis de sangre. El laboratorio debe estar equivocado –dijo el doctor–. No hay razón para que su colesterol y sus triglicéridos estén tan altos». Los valores normales se sitúan entre 200 y 100, respectivamente; ¡las mías eran 280 y 660! En el segundo análisis, el colesterol se redujo a 250, lo que aún se considera preocupante, pero los triglicéridos ascendieron a 780.

«Usted tiene grasa líquida en vez de sangre –me dijo el doctor de la mejor manera posible–. La muestra está coagulándose en el tubo de ensayo. Es asombroso que no haya tenido un fallo cardíaco. Quizá su presión sanguínea, completamente normal, fue la que se salvó, junto con el hecho de que usted no toma bebidas alcohólicas». ¡No es de extrañar que Mietek estuviera preocupado por mi corazón! Y luego ellos encontraron el pólipo.

Durante el examen sigmoidoscópico, descubrieron un tumor de un centímetro en mi intestino grueso, el cual resultó ser benigno. «Éste podría haber estado allí desde el nacimiento –mi médico me tranquilizó después de que lo extirparan–. Tal vez dentro de unos años se hubiera convertido en canceroso. En cualquier caso, ya no existe».

Una vez más, pude recordar esa primera visita a casa de los Wirkus. Apenas hace un mes, me habían aconsejado que me hiciera un chequeo del corazón y del estómago. Ahora acababa de pasar por el quirófano y seguía una dieta estricta sin grasa. Mi interés y creencia por sentir el aura estaba definitivamente en su punto más elevado.

4

EL MAESTRO
VA A LA ESCUELA

Lo que se inició como curiosidad
pronto se convirtió en un profundo entusiasmo con cada
nuevo descubrimiento de estos poderes ocultos
dentro del organismo humano:
¡podíamos tanto enviar como recibir energía!

Cuando empecé a enseñar cómo ver las áreas en las clases de Mietek, me di cuenta de que era el único que no era un profesional de la salud. Médicos, enfermeras, quiroprácticos, osteópatas y profesionales psiquiátricos habían reservado sus clases con meses de antelación. La reacción de estos médicos profesionales, sobre todo de la Asociación Médica Americana, fue sorprendente, porque ellos parecían haber logrado la comprensión de estas técnicas de manera cautelosa en el transcurso del tiempo; pero como me sucedió a mí mismo, habían superado su arraigado escepticismo a través de las experiencias personales y la fuerte evidencia de que definitivamente sucedía algo.

Lo que se inició como curiosidad pronto se convirtió en un profundo entusiasmo con cada nuevo descubrimiento de estos poderes ocultos dentro del organismo humano; ¡podíamos tanto enviar como recibir energía!

El hallazgo de mi energía X

Pero ¿qué es exactamente esta energía que parece transferirse de un individuo a otro? El experto paranormal John White ha compilado más de cien estudios, desde fuentes antiguas hasta modernas, sobre lo que él llama «Energía X».

De acuerdo con los físicos, hay cuatro fuerzas conocidas de energía: el electromagnetismo, la gravedad y las fuerzas nucleares débiles y fuertes. Esta energía X, aunque desconocida por los físicos, parece ser responsable de los fenómenos físicos y paranormales como la transferencia de bioenergía y el aura humana. Organizaciones de investigación como el Instituto para las Ciencias Noctic, la Sociedad Internacional para el Estudio de las Energías, la sociedad Internacional para el Estudio de la Energía Sutil y la Asociación Internacional para la Nueva Ciencia están estudiando este misterio científico.

Mietek me preguntó si quería estudiar con él. Después de impartir clases a tres de sus grupos de estudio, estaba fascinado con el fenómeno, y fue en ese momento en que él me admitió, y me convertí en su primer profesional no médico. Las clases fueron impartidas por su esposa, Margaret, ya que Mietek hablaba muy poco inglés en aquel entonces. Él comenzaba cada clase (que se limitaba a doce estudiantes) explorando a cada estudiante mientras estábamos inmóviles y nos tomábamos de la mano. Lo primero que noté fue su respiración ruidosa y profunda, la llamada «respiración de la juventud». Lo segundo fue el increíble calor y estremecimiento a través del cuerpo mientras colocaba sus manos alrededor de mi cabeza y hombros y enfrente de mi pecho y estómago, llevando la energía sobre mi espina dorsal.

En un principio, las clases parecían demasiado simples: volver a repasar cómo respirar, mirar fijamente la llama de una vela, visualizar una cueva o un refugio seguro, concentrarse en un punto de color naranja sobre la pared. Cada ejercicio se practicaba durante un mes, antes de que continuáramos con el siguiente. A medida que se progresaba, aprendíamos a incorporar cada ejercicio con el que le precedía. Respirar, visualizar, meditar: eso era todo lo que teníamos que hacer.

Luego, el grupo se dividió en parejas y nos hizo mirarnos a la frente. También mirábamos fijamente a nuestro propio tercer ojo usando un espejo. Aparecían formas cambiadas, rostros distorsionados, animales o ancianos. Al comienzo era muy desconcertante, pero el hecho de tener a un compañero con quien compartir esa dura prueba ayudaba mucho. Incluso el rostro puede desvanecerse si se mira fijamente durante mucho tiempo. Aprendimos cómo mantener los ojos abiertos sin parpadear durante varios minutos. Yo uso lentes de contacto y puedo permanecer más de diez minutos sin parpadear. Durante este tiempo, el rostro al que miraba fijamente, mirando sólo la frente todo el tiempo, adquiría un aspecto caleidoscópico de gente tanto joven como vieja, extranjero o extraña.

Luego aprendimos cómo sentir la bola de energía entre nuestras manos. Poco después sentimos el campo de energía de nuestro compañero. Unimos todas esas técnicas y ejercicios y… ¡funcionó! Se podía sentir el campo áurico y generar esta energía cada vez que queríamos. Los experimentos con objetos físicos dentro o cerca del campo áurico nos mostraron cómo los imanes y cristales alteran el estado natural de forma rápida y evidente, y no siempre con los mejores resultados.

Otros elementos, como el extracto de propóleos y ámbar, aumentan el calor y la intensidad del campo áurico. Estos efectos se pueden sentir y ver. De repente desapareció el escepticismo sobre estos campos de energía, pero nos preguntábamos cuándo el personal médico comenzaría a incorporar estas técnicas. Lo sorprendente era que había médicos en clase, y ellos también se hacían las mismas preguntas. En total, nos llevó seis meses completar las clases básicas. Luego proseguimos con el trabajo de las técnicas de respiración y visualización para incrementar nuestro flujo de energía. Fue sorprendente cómo al final de estas clases básicas podíamos ver los cambios en cuanto a tamaño e intensidad del aura y sentir cómo la bola de energía crecía alrededor de nosotros. Unos pocos avanzaron en algunas técnicas más que otras, pero todos teníamos más energía que cuando comenzamos.

5

UN SUCESO
INTERESANTE

*Estaba sorprendido por la increíble precisión de los
diagnósticos, sobre todo el de la herida en el cuello de la
vértebra craneana C-6 y el problema del ovario
izquierdo, y todo esto diagnosticado en un paciente que
Mietek nunca había visto.*

Mietek me dijo que tenía un gran tercer ojo y que era
un buen candidato para aprender las técnicas avanzadas
de curación. En el caso de aquellos estudiantes seleccio-
nados y que deseaban continuar, la clase avanzada entraba
en mucho más detalle sobre enfermedades específicas y su
tratamiento. Estos grupos se reunían una vez al mes y eran
orientados a la anatomía. Aprendimos sobre todos los órga-
nos internos y varias partes del cerebro. Esto hizo que recor-
dara en gran medida las clases de biología a las que asistía
en la facultad. Afortunadamente, ya conocía la mayor parte
de mi fisionomía, pero éste fue un buen curso para refrescar
conocimientos. Nos dieron gráficos y diagramas del cuerpo
y nos enseñaron cómo explorarlo, de pies a cabeza. A través

de Margaret, Mietek explicaba los meridianos (un concepto del sistema de acupuntura chino) y el flujo de energía dirigido y proveniente de los chakras (centros de energía en el cuerpo, de acuerdo con el yoga). Él todavía comenzaba cada clase con el círculo de estudiantes cogidos de las manos mientras caminaba hacia el interior, suavizando nuestros campos energéticos. Durante este período de estudio, nos pidieron que trabajáramos con amigos y familiares para practicar más y experimentar campos de energía nuevos y diferentes. Posteriormente nos reuníamos para discutir y compartir nuestras experiencias.

Al comienzo de una clase, después de romper el círculo y sentarnos, el profesor preguntó si nos habíamos encontrado con algún caso interesante. Levanté mi mano y describí una sesión de terapia del día anterior en la que una mujer se quejaba de jaquecas. Por lo general, en ese momento de mi formación, siempre podía sentir cierta energía alrededor de la cabeza de cualquiera con quien trabajara. En el caso de esta mujer, no pude sentir nada, incluso después de haberle practicado un masaje básico alrededor del cuello y los hombros. Finalmente, después de veinte minutos de trabajo de energía, pude sentir un ligero y frío estremecimiento, pero no calor. Ella me comunicó que sus jaquecas eran muy frecuentes en los últimos años y que algunas veces duraban tres o cuatro días antes de calmarse. Ésta era severa y llevaba tres días. Yo fui el último recurso, ya que parece que la medicina no resultó de ayuda. La paciente se marchó manifestando algún alivio, pero sabía que no había sido muy efectivo.

Mi pregunta para Mietek fue:

—¿Tienen las personas que sufren jaquecas un bloqueo total de la energía por encima del cuello?

Vi su entusiasmo por la pregunta y rápidamente le habló a Margaret en Polaco.

—Mark, ¿conoce bien esa mujer? ¿Tiene algún interés amoroso por ella?

Trabajé con ella en la oficina y también en una producción teatral local (los primeros actores románticos en Foxfire), pero no teníamos ninguna relación de pareja.

—¿La conoce suficientemente bien para hacerle algunas preguntas personales?».

Estaba un poco desconcertado cuando Margaret preguntó sobre lo que había ocurrido seis años antes:

¿Un accidente automovilístico? ¿Una caída? ¿Heridas en el cuello y las vértebras craneales C-5 y C-6?

Luego me pidió que averiguara si mi amiga tenía problemas en su ovario izquierdo.

¿Tuvo ciclos menstruales irregulares, o a veces tenía períodos menstruales cada sesenta días?

Cuando volví a ver esta mujer ella se sintió mejor y fui capaz de preguntarle por su historia médica, específicamente por heridas en el cuello, accidentes, ciclos menstruales irregulares, problemas en el ovario izquierdo, frecuencia y forma de los ataques de jaquecas. Mientras procedía a responder estas preguntas, casi pude ver los cambios en su actitud, que llegaron a sorprenderla. Sí, ella sí había tenido un accidente de tráfico hace seis años y la vértebra C-6 estaba dañada, lo que causó su primera jaqueca. Pero estas jaquecas desaparecieron hace tres años, cuando le extirparon el ovario izquierdo. Las jaquecas comenzaron a suceder más o menos dos meses después de esto. Ella se emocionó al descubrir este vínculo en su patrón de enfermedad y se sorprendió por no haber notado el paralelismo entre los ciclos menstruales y las jaquecas.

Estaba sorprendido por la increíble precisión de los diagnósticos, particularmente el de la herida en el cuello, de la vértebra C-6 y el problema del ovario izquierdo, y todo esto diagnosticado en un paciente que Mietek nunca había visto.

Tuve que esperar otro mes antes de que pudiera hacer la siguiente pregunta a Mietek.

—¿Es este el diagnóstico estándar para una mujer con jaquecas?

Una vez más, Mietek habló en polaco y Margaret tradujo.

—Mietek le aconseja que no absorba la energía de la persona a la que está ayudando. Debe aprender a bloquear la energía para que no entre en usted y lo afecte. Ustedes, los americanos, son tan abiertos y expresivos que Mietek ha sido capaz de visualizar las enfermedades de esa mujer en usted, aun cuando usted la había visto el día anterior. En su gran esfuerzo por ayudarla, usted quedó abierto y no realizó las técnicas de visualización y meditación para su propia protección.

No recuerdo muy bien lo que sucedió el resto de esa clase. Estaba tan abrumado por esa demostración que todo lo que pude decir al final fue:

—Dentro de veinte años, seré capaz de decir a la gente que estudié con el gran Mietek Wirkus.

Margaret sonrió, y en su típica humilde generosidad, dijo:

—Dentro de veinte años la gente dirá que trabajo con el gran Mark Smith…

6

EL COMIENZO

*La terapia bioenergética reduce o elimina síntomas
y dolores sin el uso de fármacos que puedan tener efectos
adversos posteriores. Es algo semejante a que un automóvil
tuviera la batería descargada y no pudiera arrancar hasta
que no fuera encendido por la batería
de otro vehículo.*

Algo sorprendente en toda mi vida ha sido mi salud. Como resultado de ello, puedo ver los efectos que la «respiración juvenil» causa no solamente en las personas que han sanado, sino también en el sanador. A menudo me siento cansado y no me apetece impartir una clase o comenzar una sesión de terapia, pero en sólo unos minutos, con una respiración profunda y una visualización sosegada, mi energía retorna. Al final de la clase o las sesiones, mi energía es mucho mayor de lo que era al comienzo.

Algunas veces me siento tan lleno de energía que me resulta difícil acostarme si la sesión se realiza bien entrada la tarde; he recibido llamadas a las dos o las tres de la madrugada de gente con la que acabo de trabajar, que está tan animado que no puede dormir.

Una mujer que estuvo en mi clase aprendiendo a ver las auras también acudía a mí por la terapia bioenergética. Su preocupación la llevó a pensar que era otro ser que intentaba hablar a través de ella, algo que resultaba más evidente cuando estaba meditando. Mientras trabajaba en su campo energético, ella iniciaba una conversación gutural, ininteligible, y parecía casi flotar en un trance. Incluso en la primera sesión tuve que sostenerla, ya que estuvo a punto de caerse al suelo.

¡Era como ver a alguien totalmente fuera de sí! Ella parecía muy sincera y poseía un aura púrpura brillante, algo que por lo general denota una naturaleza muy espiritual. En su campo interno también había algún amarillo verdoso, que es el color de la curación, y el dorado, que se asocia con la espiritualidad, y los colores parecían estar luchando por predominar.

Mientras progresaban las clases y sesiones, los cambios eran notables. La voz aún estaba allí, pero ella no intentaba desmayarse y su aura se tornó más estable, fijándose en los colores púrpura y dorado. Después de una sesión, ella tenía tanta energía que no podía dormir.

Sin embargo, un hombre que tenía problemas para dormir debido a un cáncer, experimentó el efecto contrario. Comencé la sesión una mañana cuando él acababa de volver a casa después de varios días en el hospital, y su esposa me informó de su imposibilidad para dormir. Este tipo de terapia era nueva para él y su curiosidad era muy grande. Preguntó si necesitaba estar de pie, pero le aseguré que podía quedarse como estaba, y lo único que necesitaba era dejar de leer el periódico y permanecer relajado.

Me miró con una sonrisa curiosa mientras yo comenzaba a suavizar el aura alrededor de su cabeza. Tras realizar mi trabajo por su pecho, pude realmente sentir los ganglios linfáticos agrandándose en todo el torso, pero sobre todo en el área de la ingle. No tenía idea de por qué había sucedido de manera tan rápida, pero la energía permitió que su cuerpo hiciera lo que más necesitaba, y en un minuto, o máximo dos, no estaba sólo dormido, sino ¡roncando de forma ruidosa! Su esposa lo tapó con una sábana y más tarde me dijo que había dormido hasta el mediodía, cuando ella lo despertó para su sesión de quimioterapia. Poco después su cáncer entró en completa remisión durante varios meses. Aunque es imposible afirmar que la terapia bioenergética tuviera que ver con esto, al menos él fue capaz de dormir profundamente después de esa sesión y su cuerpo empezó a curarse por sí mismo.

La terapia bioenergética reduce o elimina síntomas y dolores sin el uso de fármacos que puedan tener efectos adversos posteriores. Es algo semejante a un automóvil que tuviera una batería descargada y no pudiera arrancar hasta que no fuera encendido por la batería de otro vehículo.

Las transferencias de energía entre los seres humanos parece ser lo mismo. Hablamos de alegrarse por la visita de un buen amigo o por una carta de alguien amado. Si vamos más allá, este envío de afecto en estrecha proximidad personal, cara a cara, ahora mismo, usando estas técnicas de curación, cargan el sistema eléctrico del cuerpo.

Los efectos son los mismos sin importar el sistema de creencias (o incredulidad) al que se pueda uno adherir, y estos beneficios algunas veces dramáticos han sido experimentados por niños y animales en los que la creencia de que podrían mejorar (el denominado efecto placebo) no está presente de ninguna manera. Quiérase o no, la energía existe y es recibida cuando se envía, lo mismo que una carta de un ser querido.

Lo sorprendente es la salud y el bienestar proporcionado al emisor. Cuando se realiza de manera correcta, esta transferencia de energía sucede de forma espontánea y es sólo dirigida por el emisor y canalizada de manera suave para el receptor. Un sentimiento fuerte de amor y deseo de ayudar a la persona debe ser el factor motivador y no la idea egoísta de que «yo» lo hice. Cuando se les pregunta cómo lograron su éxito, los grandes curadores dicen: «Yo» no tuve nada que ver con esto. Con que más abierto y cariñoso sea el emisor, más se permite que esta energía afectiva se transmita sin interrupción, realzando a ambos participantes de una forma verdaderamente maravillosa.

Iniciar el aura

En mis clases de auras, cuando notamos que la energía de un estudiante está agotada o se torna en un gris borroso, realizamos un pequeño experimento. Mientras el sujeto continúa siendo observado por el resto de la clase, se le dice a él o ella que se frote las manos y se las coloque frente al cuerpo, con las palmas hacia arriba. Cuando coloco mis manos sobre las manos del sujeto a más o menos 8 o 12 cm por encima del centro de la palma, moviendo mis manos hacia adelante y hacia atrás de forma lenta, el sujeto comienza a sentir calor y algunas ligeras sensaciones de cosquilleo. Como estoy arrodillado frente a la persona, el aura alrededor de su cabeza y hombros es todavía visible para el resto de la clase.

En cuestión de segundos, los efectos de esta iniciación del aura son visibles fácilmente. El aura aumenta su tamaño y brillo, con frecuencia de forma sorprendente. Cualquier color que existiera, por lo general es intensificado y, a menudo, cambia a la siguiente frecuencia más alta; por ejemplo, un aura verde puede comenzar a tomar las características del azul o violeta. Algunas veces el aura es «absorbida» e imita cualquier color que se le muestre en ese momento. Incluso después de que aleje mis manos, el aura continúa mostrando el rejuvenecimiento y, una vez cargada, crece por sí sola.

Usted mismo lo puede intentar. Comience con una exploración básica del campo áurico y fíjese en sus cualidades y características. Si aún no puede ver el color, determine la forma, el tamaño e iluminación del aura. Si el color es visible, espere cualquier cambio en cuanto a matiz e intensidad, así como con respecto a la claridad y al brillo, una vez ocurra la iniciación.

Si está presente más de una persona, puede intentar anotar cosas de manera individual y comparar sus apuntes después. Esto le permitirá observar al sujeto con mayor atención. Notar los cambios entre diferentes individuos es un buen ejercicio.

Para ver una iniciación, los individuos deben colocarse frente a frente y a un lado del espectador y, frotarse juntos las manos con suavidad durante unos pocos segundos. Cuando los sujetos coloquen sus manos, con las palmas abiertas pero sin tocarse, por encima y debajo de cada uno, ocurrirán cambios sutiles en el aura de cada persona.

En otros casos, el aura parecerá ser repelida por el aura de otra persona, casi encogiéndose para alejarse. En otras ocasiones, las auras comienzan a mezclarse. Si se le pide a los sujetos que piensen sobre el amor o sobre un ser amado, incluso si no es la persona que está frente de ellos, ocurrirán cambios visibles y, a veces, sorprendentes de inmediato. También se puede intentar hacer pensar en otras emociones: odio, temor, preocupación, celos, etc., con resultados inmediatos similares (pero diferentes). Ahora usted puede ver los cambios generados por los pensamientos y emociones en el campo áurico externo del cuerpo físico.

Una vez haya practicado cómo ver el aura, podrá reconocer el halo de cada persona en pocos segundos y estará listo para experimentar. Otra forma de alterar el aura de otra persona es colocando un objeto en su corona de chakra. Puede usar imanes, cristales, relojes, collares o piedras preciosas. Coloque cada objeto en la parte alta de la cabeza del sujeto.

Avances en bioenergía

La habilidad para visualizar el aura es una de esas puertas a las que a algunas personas no les gustaría abrir. Considerado en la antigüedad como algo reservado y exclusivo de los místicos y clarividentes, este conocimiento fue considerado peligroso para el común de los mortales, y aún está lleno de insinuaciones esotéricas o posiblemente ocultas en algunos círculos. Hasta hace poco, los libros sobre algo tan benigno como el análisis grafológico también se incluían en la sección de lo oculto de la Biblioteca del Congreso. Ahora, tanto el análisis de la letra como los estudios sobre el aura humana son clasificados en la sección de psicología.

Estos cambios sucedieron a mediados de la década de 1960, cuando la científica pionera Shaficia Karagulla, estudió la manifestación del clarividente, o lo que ella denominó «percepción sensitiva superior». Su libro, *Breakthrough to Creativity*, describe sus conocimientos científicos y la metodología usada para explorar los aspectos desconocidos de la «superconciencia humana». La doctora Karagulla investigó y, más tarde, fue testigo de las experiencias fantásticas de verdaderos clarividentes, algunos de los cuales fueron sus compañeros médicos. Ellos regularmente diagnosticaban enfermedades por contacto o intuición interna, al igual que «viendo los campos de energía alrededor de los seres humanos», como lo describió la doctora.

Así que le compete a la ciencia probar la naturaleza y efectos del campo de energía humana, porque con la aparición de la fotografía kiviliana en la década de 1930, no podemos discutir más la existencia de tal campo. En estas fotografías, los campos de energía son visibles como bandas blancas de energía alrededor de todos los tipos de materia. En la actualidad se están realizando investigaciones que sugieren la importancia que tienen estos diminutos campos electromagnéticos dentro y alrededor del organismo. La ciencia, en instituciones como la Fundación Menninger, en Kansas, y el Instituto Nacional de la Salud en Maryland, está activamente comprometida con el estudio de estos fenómenos bioeléctricos, con algunos resultados sorprendentes.

¿Sabía, por ejemplo, que el cuerpo humano tiene una red completa de fibras nerviosas microscópicas desconocidas que penetran en todo tipo de órgano y tejido? Éstas están químicamente conectadas a la glándula pineal, poco conocida y del tamaño de un guisante, ubicada en la base del cerebro. ¿Sabía también que existe una corriente eléctrica mensurable en el torrente sanguíneo y otros tejidos no directamente relacionados con el sistema nervioso? Hasta hace muy poco, la teoría médica oficial no permitía la posibilidad de que tales cosas pudieran existir.

Estos y otros descubrimientos recientes sugieren que no éramos tan conocedores como pensábamos, del funcionamiento interno del cuerpo humano. El doctor Harold Moses, de la Universidad de Vanderbilt, y antiguo presidente de la Asociación Americana para la Investigación del Cáncer, ha afirmado recientemente: «Lo que hemos aprendido sobre el cáncer en los últimos diez años es increíble, y el 80% de ese conocimiento ha sido adquirido en los últimos cinco años».

Pronostica que los principales avances en la prevención y el tratamiento del cáncer estarán a nuestro alcance en un futuro muy cercano. Estos estudios y otros incluyen el campo bioenergético, y han generado una mejor comprensión de la enfermedad y sus orígenes.

7

UN BRILLO SALUDABLE

La energía que se proyecta es la energía que se atrae.
Si uno expele una vibración positiva,
se tiende a atraer y rodearse uno mismo
con gente en la misma condición o vibración positiva.

¿Que ocurriría si fuéramos capaces de medir nuestra salud a diario tanto por lo que vemos como por lo que sentimos? No sólo como lucimos físicamente en el espejo, sino también como nos vemos y como nos sentimos en nuestro interior. Hasta ahora ha estado ignorando el aspecto más poderoso de su presentación física: el color y brillo de su propia aura.

Usted puede ver lo que otras personas piensan sobre su persona cuando mira a su aura en el espejo. Ellos no pueden ser conscientes de que lo están percibiendo, y esto es lo que se conoce como buenas o malas vibraciones. Y ahora que ya conoce este pequeño secreto, tiene el poder para cambiar su propia presentación áurica a través de buenos pensamientos, emociones, meditación y oración.

Colorear su aura

La energía que se proyecta es la energía que se atrae. Esto es altruismo en su máxima expresión, no solamente con la energía áurica. Si uno expele una vibración positiva, se tiende a atraer y rodearse uno mismo con gente en la misma condición o vibración positiva. La gente que tiene energía negativa, que es pesimista o escéptica tiende a atraer la misma clase de energía, lo que crea un tipo de profecía sobre el logro de sus propias ambiciones. Por lo tanto, la envoltura áurica que mantiene durante toda su vida es una atracción instantánea hacia tipos similares de energías áuricas. Esto se hace patente de manera instintiva cuando se conoce a alguien, y como he discutido en capítulos anteriores, esto tiene tanto que ver con la corriente eléctrica con que uno se rodea, como con el maquillaje químico de su cuerpo físico.

Mientras viajo por todo el país hablando con varios grupos, menciono una obra que ya tiene varios años, escrita por Carole Jakson, llamada *Color Me Beautiful,* donde una persona, más exactamente una mujer, se viste de acuerdo con su coloración estacional. Algunas mujeres, debido a su color de cabello, ojos y piel, son mujeres «de verano»; otras pueden ser de otoño, primavera o invierno. Esto puede funcionar para algunas personas, pero una gran mayoría afirma que, en realidad, no funciona para ellas. Debe ser cierto, porque el color más importante que usted posee, su color áurico, no se tiene en cuenta.

Aquellas personas que dedican tiempo o tienen la inclinación a escoger esquemas de colores y materiales que hacen juego con su propio campo radiante de energía con frecuencia se encuentran entre la gente más feliz, más creativa y armoniosa que conozco. Cuando algunas mujeres me dicen que no se sienten cómodas en su estación y, en realidad, como característica, lucen y se sienten mejor con otros colores diferentes a los recomendados por el libro, a menudo se sorprenden cuando observan su color áurico en el espejo y se dan cuenta de que poseen muchas prendas de vestir que son complementarias, o idénticas, al color que ellas proyectan.

No exagero al enfatizar la importancia de observar el aura a diario. Notará cambios cuando el color se desplaza hacia arriba o hacia abajo en la gama de frecuencia del color y, como hemos afirmado en otros capítulos, su salud y bienestar pueden ser considerados en su campo áurico, ¡pero sólo si lo mira! No le hace ningún bien observar su aura una vez y luego olvidarse de ella. Esto se puede convertir fácilmente en un hábito matutino, mientras se prepara para afrontar el nuevo día.

Puede detectar la enfermedad antes de que ésta se manifieste en su cuerpo. Y en otro ámbito más agradable, también puede usar este autoexamen áurico para que le resulte más fácil elegir la ropa del día. Si adquiere el hábito de revisar su aura todos los días y vestirse como corresponde, encontrará una mayor sensación de paz y armonía en sus actividades diarias, porque estará dentro de los límites de color establecidos por su campo áurico.

Sin embargo, algunas personas llevan el conocimiento del color a extremos. Algunas mujeres que conozco casi nunca se visten de otro color que no sea al negro. Otros siempre prefieren los colores neutros, y algunas mujeres en particular tienden a ser atraídas por el blanco, pero no todo el año. Desde un punto de vista práctico, es cierto que el blanco (debido a su naturaleza reflectante) tiende a ser un color más fresco para usarlo en verano, pero cada vez veo a más mujeres y hombres vistiendo de negro durante los meses más cálidos del año. He preguntado a varios de ellos por qué escogen un color absorbente, incluso durante los meses de verano. La reacción varía un poco pero gira alrededor de la comodidad y seguridad que se sienten al vestir ropa de color negro. Quizá éste sea un mecanismo de defensa y una forma de ocultar su campo de energía. A nivel subconsciente puede ser una forma de ejercer más poder e influencia sobre su ambiente al vestir algo misterioso, que puede ser proporcionado por el negro.

Recuerde que atrae la energía que proyecta. Los animales usan su coloración natural para armonizar con el medio cuando actúan con cautela como defensa contra depredadores o cuando, de hecho, son depredadores acechando a su presa. Es posible que conservemos algo de ese instinto animal que está en juego cuando escogemos los colores para adornarnos, ya sea para atraer a un compañero o para defendernos de aquellos que podrían robar nuestra energía o cambiar nuestro color áurico básico.

Colorear su medio

Hay una escuela sobre la armonía de la vida que enseña conceptos antiguos de paz y tranquilidad dentro de nuestro medio. Creado hace miles de años en Oriente, es conocida como feng shui (que significa «viento y agua»). La forma en que utilizamos los edificios en que vivimos, ya sea nuestras casas u oficinas y las cosas que colocamos dentro tienen mucha influencia en nuestra salud mental y bienestar a largo plazo.

Esta sensación de vivir en armonía en el interior de los recintos en los que nos encontramos también tiene una explicación para las auras. Una vez más, la energía con la cual nos rodeamos tiende a ser la misma energía que poseemos, y solemos rechazar o repeler la energía que no es armoniosa con lo que somos y representamos. No es exagerado decir que reflejamos a nuestro alrededor lo que hemos interiorizado en nuestros pensamientos y emociones. Estas expresiones exteriores, en particular las relacionadas con colores de ropa o tipos de muebles, son con frecuencia fuertes indicadores de quiénes somos áuricamente.

Rolls-Royce Motors, la fábrica de automóviles escogida por la reina de Inglaterra, tiene un color exclusivo, llamado burdeos real, que tiene una combinación compleja de colores, que se describiría como púrpura oscuro rojizo. Este color se usa sólo en los coches reales.

Inglaterra también es el lugar donde el color de los baños y las meditaciones basadas en color fueron muy populares hasta los primeros años de este siglo. Muchos defensores de estas terapias todavía afirman que «si nos bañamos» en la luz proyectada a través de jarras grandes de agua coloreada, obtenemos varios efectos terapéuticos.

El hecho de pensar en colores o imaginar escenas de naturaleza colorida se considera que tiene efectos similares, tomar agua cargada de color también es practicado por algunas personas

No he intentado trabajar con agua, pero sé que la meditación del color puede ser muy eficaz, especialmente cuando se busca relajar o energizar la mente.

¿Tiene problemas para dormir? Concéntrese en proyectar un color azul oscuro, el color del firmamento en un día despejado, con los ojos cerrados. Si puede mantener esa visualización durante noventa segundos o más, estará muy cerca del mundo de los sueños, si es que ya no está roncando.

¿Tiene dolor de estómago? Concéntrese en un color naranja vibrante y brillante, y su estómago se calmará.

¿Quiere una inyección rápida de energía y estar más descansado que después de una siesta de una hora? Visualice un amarillo dorado que penetra por todo su cuerpo mientras respira profundamente, deshaciéndose del color gris oscuro mientras exhala. Respire mientras cuenta hasta cuatro, exhale siguiendo el mismo proceso, y relájese sin inhalar mientras cuenta hasta cuatro antes de comenzar todo el proceso de nuevo. Si lo hace durante diez minutos, se sentirá maravillosamente rejuvenecido y tan descansado como si hubiera dormido durante mucho tiempo.

Los colores juegan un papel destacado en nuestras vidas y nos afectan de muchas maneras fundamentales, de las cuales quizás no seamos conscientes. Aprender a usar el color de una forma completamente nueva podría tener un efecto muy positivo para nuestra salud y nuestra vida diaria, ya que puede conducir a la mejora, que puede ser vista en su aura y sentida en su cuerpo.

Las auras y su salud

Imagínese los efectos que causan los pensamientos y emociones en su estado físico interno. Estudios recientes realizados por investigadores científicos muestran una fuerte correlación entre nuestro estado emocional y nuestro sistema inmune. Ahora existe mucha información sobre la relación que existe entre la actividad cerebral y el pulso, la temperatura del cuerpo, la respiración, las emisiones de piel galvánica, las dilataciones de la pupila, el flujo gástrico y la respuesta inmune.

¿Enfermamos debido a nuestras emociones y pensamientos? ¿Nos convencemos de que estamos contagiados con alguna clase de virus? ¿Hay alguna forma de que nuestro cuerpo se sienta mal por factores estresantes negativos, posiblemente generados por nosotros mismos? La evidencia, incluyendo los cambios que acaba de ver en el aura, respalda de manera enfática esa noción.

¿Significa eso que puede pensar en su propio bienestar? ¿Se mantiene saludable todos los días incluso sin saberlo de manera consciente? ¿Son la oración y la meditación buenas para nosotros tanto en el plano físico como en el mental y espiritual? ¡De nuevo la respuesta es sí!

El poder de la oración en el proceso de curación también está bien documentado. Y la oración no es más que un ejercicio de concentración emocional dirigido por un corazón abierto y humildad hacia un ser superior con el fin de realizar un cambio positivo en la personalidad de uno o la de otros.

En efecto, usted precisa una iniciación a nivel cósmico. La energía que envía es amplificada a través de la intercesión divina cuando se ora con la esperanza de encontrar ayuda.

La expresión popular «tenga cuidado con sus deseos, ya que pueden hacerse realidad» muestra con qué frecuencia logramos el éxito en propósitos físicos a través de una profusión mental y emocional. La acción física ayuda, pero querer es el «padre del pensamiento», que es otro dicho popular que demuestra que nuestra interpretación profundamente arraigada es que algunas cosas tangibles tienen sus orígenes en el dominio intangible de la mente. Por esta razón es fácil ver la relación que existe entre la mente y el proceso de curación. La mente y el cuerpo constituyen un sistema cerrado e interconectado, y uno no puede ser separado del otro.

La medicina moderna tiende hacia la especialización de las técnicas y del tratamiento. Cualquiera que haya tenido una experiencia reciente en los hospitales conoce esta frustrante verdad. Cada departamento requiere sus propias muestras de sangre, orina, etc., por separado, aunque usted haya acabado de entregar las muestras a otro departamento no hace más de media hora. Las técnicas médicas pueden ser maravillosas para tratar síntomas específicos, pero ¿dónde está el arte curativo para conservar la salud de la persona? Es posible lograr milagros con la medicina moderna, a veces de forma deshumanizante y con efectos secundarios casi tan nefastos como la misma enfermedad. El tratamiento de todo el sistema, cuerpo y mente, es el camino que debemos seguir.

La combinación de técnicas científicas nuevas y las viejas artes curativas se están llevando a cabo en la medida en que la comunidad médica reconoce y acepta a regañadientes muchos remedios naturales populares, antes descartados al considerarse de manera negativa supersticiones. Por ejemplo, la ciencia está probando que ciertos alimentos y hierbas naturales ofrecen una amplia variedad de beneficios medicinales, algunas de naturaleza curativa y otras preventiva.

Sin embargo, esto genera el debate sobre los efectos del electromagnetismo en el organismo humano, o al menos plantea la pregunta sobre si el uso de estas tecnologías «buenas», tales como la televisión, el ordenador y el teléfono móvil o incluso la proximidad a líneas eléctricas, puede tener una incidencia mayor de algunas enfermedades, incluyendo varios tipos de cáncer. La salud de los seres humanos es más un acto de equilibrio delicado de lo que se pensaba antes, con un buen equilibrio eléctrico tan importante como el químico.

La moda reciente de entrar en contacto con nuestros cuerpos y nuestro ser, muestra que nos hemos alejado tanto de la creencia de que la ciencia puede producir todos los remedios necesarios para mantener la salud y que sólo es necesaria una actitud positiva en el proceso. «Tómese una pastilla» está siendo reemplazado por «siga una dieta más saludable y haga algo de ejercicio». Hay un sentimiento general de que queremos volver a tomar control de nuestras vidas, aun sin saber cómo y por qué lo perdimos.

Es esencial tomar la responsabilidad de nuestra propia salud. Aunque debemos confiar en las maravillas de la medicina moderna para sacarnos de apuros cuando suframos un trauma mayor, la adecuada autoayuda puede eliminar su necesidad en primera instancia. Si precisa una intervención coronaria, usted necesita un cirujano, pero es mejor no necesitar la cirugía.

El ejercicio adecuado y la dieta juegan un papel vital en el mantenimiento de una buena salud, ¿pero qué ocurre con la actitud adecuada? A pesar de que estemos siguiendo un régimen de ejercicios y dieta al pie de la letra y tomando todas las vitaminas adecuadas, el estrés aún podría matarnos. Una vez más, la mente y el cuerpo son un equipo de naturaleza totalmente interactiva y coherente, no una amalgama de sistemas individuales que operan de forma independiente. Cómo nos sentimos con frecuencia está más influenciado por la actitud sobre nosotros mismos, ya sea positiva o negativa, que por cualquier condición estrictamente física. Y esto a menudo puede ser diagnosticado por nuestras auras.

Llevará muchos años, pero es posible que llegue el momento en que ver el aura sea una práctica común y aceptada como parece haber sido en la antigüedad. ¿No sería maravilloso si, como humanos, volviéramos a desarrollar estas habilidades hasta el punto de saber cuándo alguien miente porque el aura de repente refleja una sombra oscura en el verde? ¿O saber cuándo un ser querido está a punto de enfermar porque el aura se torna gris?

Quizás la misma enfermedad sea menos frecuente una vez nos hayamos acostumbrado a ver estos sutiles cambios eléctricos antes de que la enfermedad se manifieste en el cuerpo. Con amor como elemento principal, y gracias al uso de la transferencia bioenergética, la curación de nosotros mismos y del prójimo será la norma, no la excepción.

8

AURAS PROFESIONALES

*Todas las personas tienen diferentes tipos de auras,
con colores y formas que alguna vez pueden ser
reconocibles porque pertenecen
a una profesión específica.*

Aunque el aura de cada persona es única, con la práctica comenzará a ver formas que emergen en los colores de diferentes individuos. La enseñanza en las escuelas, y más tarde en el mundo exterior, proporciona ejemplos excelentes de estudiantes, siendo posible determinar una profesión o estilo de vida a partir de las auras. Los ingenieros, las enfermeras, las secretarias, los artistas, los médicos, los abogados, los agricultores y los músicos tienen diferentes tipos de auras con colores y formas que alguna vez pueden ser reconocibles porque pertenecen a una profesión específica.

La importancia del aura
Varias veces practicamos en clase un juego que llamamos «determine la profesión a partir del aura». Después de una

breve descripción de cada color y la parte del cuerpo afectada, yo intentaba determinar el tipo de trabajo de cada persona basándome en los colores y su intensidad.

Algunos eran fáciles de adivinar.

Aunque las enfermeras nunca vinieron a clase con sus uniformes, sus auras eran casi invariablemente del mismo color: el azul verdoso, debido a su desempeño en el cuidado de los demás. El aura de una enfermera era tan verde que muchas personas del auditorio vieron su color de forma inmediata, e hicieron comentarios sobre lo uniforme y brillante que era su forma e intensidad. Ella poseía un aura color verde pastel luminoso, pero llevaba puesta una chaqueta de color café sobre su suéter de color marrón. Le pedí que se quitara la chaqueta para ver si había alguna diferencia y, de hecho, esto incrementó el color, pero no lo cambió. Por lo general, con que menos ropa lleve puesta una persona, más fácil será observar el aura.

Al ser el verde el color del equilibrio y la curación, y al estar centrado en el área de la tiroides, en la región torácica superior, no me sorprendí cuando ella admitió que había sido enfermera durante dieciocho años, de los cuales en los últimos seis había trabajado para el sector privado en casa de inválidos. El verde, en las sombras más claras, es siempre un signo de armonía y naturaleza curativa y por lo general se encuentra en la profesión de enfermería. También se considera un color neutro en el espectro, ya que aparece entre los colores intensos: el rojo, el naranja y el amarillo, y los colores fríos como el azul, el violeta y el púrpura.

El color es vibración a nivel visual, del mismo modo que los tonos musicales son vibraciones registradas por el oído. Se puede trazar una correlación musical entre el verde y el tono musical de fa mayor. Muchos compositores usan ciertos tonos para pintar un «color» musical particular y piensan que ese sonido tiene un efecto en el espíritu. Por ejemplo, la *Sinfonía pastoral n.º 6* de Beethoven está en el tono fa. Los títulos descriptivos usados para diferentes movimientos en esta sinfonía, como *Peasants Picnic in the Fields,* muestran que Beethoven tenía el color del verde pasto en mente cuando la compuso. En *Pachelbel's Canon in D,* «la tonalidad brillante» es el amarillo, y es difícil pensar en una pieza musical más brillante, alegre e inspirada. Es concebible que estas vibraciones resonantes sean favorables en diferentes partes del cuerpo y del alma.

Es sorprendente el hecho de que la mayoría de las auras de los médicos sean de color azul oscuro o añil. Es posible pensar que sus auras fueran más verdes que el de las enfermeras, pero si piensa en sus diferentes roles en el cuidado de la salud, esto tiene sentido. Los médicos utilizan más energía mental en su trabajo, anticipando la enfermedad o prescribiendo algún fármaco químico o mecánico al problema. Sus métodos son enseñados y evaluados de manera rigurosa en un ambiente cerebral, y aplicados de un modo desapasionado en quirófanos, donde las emociones inhibirían su efectividad. El azul, que es el color más frío de la mente y el intelecto, tiene un perfecto sentido para los doctores, ya que gran parte de su energía es empleada en el pensamiento. La naturaleza seria de su trabajo puede generar una abundancia de azul oscuro o añil, que se manifiesta en su aura interna, es decir, los colores que están localizados en la región de la cabeza.

Un amigo que vivía al otro lado de la calle de mi apartamento en Georgetown era un cirujano residente que con frecuencia se entusiasmaba al hablar de lo emocionante que es realizar cirugía en las personas. «A cualquier buen cirujano le encanta la cirugía; le tiene realmente que gustar para realizar un buen trabajo». Él me entretenía con varios casos y parecía disfrutar observando cómo me estremecía mientras describía con mucho detalle algunas de sus proezas en el quirófano.

Su aura adquiría un color amarillo brillante y resplandecía a medida que se emocionaba más y más por la forma en que le encantaba «acuchillar por dinero» (siguiendo sus palabras). Fácilmente podía ver en su aura lo mucho que disfrutaba con su trabajo –el amarillo es el color del deleite y la vibración que afecta al corazón y a la región del plexo solar.

Luego, un día lo volví a ver y, para mi sorpresa, lo encontré deprimido. Su aura era de un color gris denso y su actitud, pensativa. Había estado presente y colaborando con la operación de William Casey, el director de la CIA. La intervención transcurrió como se esperaba. En vez de extirpar un simple tumor, el equipo de cirujanos había descubierto un linfoma que se extendía y cuya masa fue localizada en el centro de habla del cerebro, el cual, según mi amigo, habían «extirpado totalmente».

Cuando le comenté que el *Washington Post* había publicado el mismo día, en primera página, que la operación había sido un éxito y que Casey volvería a trabajar en un período de dos a cuatro semanas, él respondió de forma calmada: «El nunca llegará a testificar en el problema de los Contras e Irán… En realidad, nunca pronunciará ninguna palabra… nosotros le extirpamos toda esa parte… él va a morir en unos seis meses».

Su pronóstico resultó preciso y nunca volví a ver en él esa alegre aura amarilla. Ahora se había tornado azul grisáceo, y sólo mostraba colores más claros cuando tocaba Gershwin en el piano. Era como si la seriedad de su profesión hubiera comenzado a agotarlo, la suprema autoconfianza afectada por la repentina intuición de la mortalidad. En vez de especializarse en neurocirugía, lo que siempre había deseado, mi amigo continúa hoy en día ejerciendo la medicina general.

Otras profesiones naturales para individuos con un aura azul son la ingeniería y la ciencia. Por el hecho de haber trabajado durante varios años en la industria de la defensa y el espacio aéreo, para fichar a gente, he estado en una posición maravillosa para observar a esta gente. Yo hago que me coloquen un tablero blanco en la pared detrás de la silla del entrevistado y, como resultado, he visto a miles de aspirantes a esta profesión. Desde luego hay excepciones, pero en la gran mayoría de los casos, el color que más prevalece es algún tono de azul.

Los ingenieros suelen tener un color azul claro, casi el azul celeste, que puede estar muy cerca de la cabeza. De naturaleza borrosa o lechosa, esto muestra la mente en el proceso de resolución de problemas. Los colores opacos denotan situaciones no resueltas o conflictos.

A medida que el color se vuelve más claro, es evidente una naturaleza más completa, o fija. La transparencia es un signo seguro para alcanzar metas o conseguir algún propósito. En científicos jóvenes e ingenieros, esta claridad es rara, quizás porque apenas están comenzando sus estudios y experimentos.

Las auras cuadradas

No sólo el color, sino también la forma del aura están relacionadas con ciertas profesiones; la aureola cuadrada, por ejemplo, es inusual en la mayoría de la gente, excepto en los ingenieros.

Uno de los ejemplos más dramáticos de una aureola cuadrada fue presenciado por toda una clase, mientras hacia escribir a los alumnos lo que veían sin comentarios previos por mi parte. Esta persona tenía un aura perfectamente cuadrada que se extendía hacia el lado izquierdo de la cabeza, y era de color azul oscuro. Se podían escuchar murmullos y exclamaciones por toda la clase mientras comenzaban a verla. Yo los hice callar y les dije que dibujaran o escribieran sobre lo que estaban viendo.

Por lo menos la tercera parte de las casi sesenta personas que estaban en el salón había dibujado un cuadrado que salía del lado izquierdo de la cabeza y había escrito que el color era azul o violeta. Nadie se sorprendió cuando el sujeto dijo que era director de una empresa de arquitectura en Washington. ¡Seguro que él tenía formas geométricas firmes en mente esa noche!

La otra única forma cuadrada que he visto, y que era perfectamente angular, pertenecía a mi profesor, Mietek Wirkus. La suya estaba compuesta por dos cuadrados. El más pequeño, cerca del lado izquierdo de su cabeza, se extendía 8 o 10 cm por encima del centro y continuaba a través de la parte alta de la cabeza en línea recta, como a 32 cm de distancia hacia un lado. El segundo cuadrado, mucho más grande, subía en línea recta como a unos 65 cm por encima de la línea central de su cabeza y se extendía hacia fuera del lado derecho.

Nunca antes había visto, ni he vuelto a ver, un aura como ésta, ya que la mayoría de las auras son redondas y conforman más o menos la silueta del cuerpo. El color era lo que esperaría en un sanador: verde dorado o amarillo verdoso, y sólidamente vibrante.

No sé lo que significan estas formas. Tal vez tengan que ver con dones especiales o una actividad mental única. Son notables en su rareza extrema, quizás causada por alguna lesión o una peculiaridad física; sin embargo, los individuos no muestran signos externos de anormalidad. También es peculiar el hecho de que solamente las haya visto en gente que está relacionada con la profesión de ingeniería, con la única excepción de mi profesor. El triángulo, o las orejas de burro, es mucho menos raro, pero también algo inusual. Éste lo vimos numerosas veces en clase y, por lo general, parece de color dorado o violeta-púrpura. Ningún patrón de estilo de vida o asociación profesional es evidente, aunque algunos sujetos muestran más conocimientos que los normales en cuanto a asuntos espirituales o fenómenos psíquicos.

Algunos estudiantes me han dicho que de vez en cuando tengo una luz triangular sobre mi cabeza, o algunas veces rayos de luz señalando hacia arriba en una forma de cuña o triángulo invertido. Esta forma de triángulo se observa a menudo en mi campo áurico cuando estoy descansado o relajado; con frecuencia justo después de un período de oración y meditación amplios. En ese momento, los colores parecen ser más vibrantes, y tienden hacia el amarillo brillante o el dorado en el aura etérica (interna) y púrpura en el campo astral (secundario).

Inmóvil frente a la clase, respirando profundamente y pensando en cosas buenas, puedo sentir el calor que se extiende por todo mi cuerpo, con una sensación de hormigueo sobre mi espina dorsal, que vigoriza mis manos y cabeza. Mientras se desarrolla esta afluencia de energía, algunos miembros de la clase hacen comentarios sobre las formas de rayos de luz dorada o plateada que se extienden sobre y alrededor de mi cuerpo. Cuando estas sensaciones comienzan a desaparecer, con frecuencia alguien comenta en ese momento cómo «se ha apagado la luz» y el aura cambia de forma y color y «vuelve a lo normal», con independencia de cómo sea.

9

AURAS
ESPIRITUALES

El talento básico que nos permite ver el aura está en todos nosotros. En realidad, podemos verlas todo el tiempo pero no somos conscientes de ello.

En una ocasión, cuando una amiga estaba observando mi aura hizo un comentario sobre «bolas de luz, luz dorada, flotando» encima de mi cabeza y sobre mis hombros. En otra ocasión, dijo que había visto «figuras luminosas, guías espirituales, creo yo, o tres seres en cada lado y por detrás» de mí. Meses después, durante otra visita, estaba segura de que había visto «la silueta de una figura muy grande detrás de mí y rodeando mi cuerpo».

Finalmente le pregunté qué significaban estas figuras y si esto no era inusual, ya que con frecuencia decía que veía seres alrededor de mí.

—Esto parece inusual para usted –dijo– pero yo las veo alrededor de mucha gente.

Su respuesta me asombró porque nunca había presenciado este fenómeno en otras personas, y ahora ella me decía que ¡las veía todo el tiempo! No sabía qué hacer al respecto. Es posible que fuera clarividente y que esta característica le permitiera ver las figuras como algo normal. Ella no estaba sorprendida o alterada por su aparición, y en alguna ocasión, las había llamado «guías espirituales». Ahora que recuerdo haber visto «ángeles guardianes» cuando era niño, quizás no debería estar tan preocupado. Tal vez se trate de otro talento natural que todos tenemos al nacer y que se pierde u olvida a medida que nos educamos cultural y socialmente. La clarividencia podría ser un «recuerdo» de esos poderes naturales perdidos que residen en algunos de nosotros más fácilmente que en otros.

Lo que sí sé es que el talento básico que nos permite ver el aura está en todos nosotros. En realidad, podemos verlas todo el tiempo, pero no somos conscientes de ello. Sólo cuando desconectamos de la parte racional de nuestro cerebro es cuando permitimos que la parte intuitiva «vea» el campo de energía humano. Los colores (con seguridad otros seres) no serán visibles para todo el mundo, pero nunca he encontrado a nadie que no pudiera ver al menos el campo de energía alrededor de la cabeza y los hombros después de practicar las técnicas durante un par de minutos mientras observa a uno o dos sujetos con la luz apropiada.

Incluso en condiciones no óptimas (luz de neón o fluorescente, un fondo con empapelado estampado y coloreado o muy cerca del individuo), la mayoría de los principiantes puede observar algo.

Con frecuencia he probado a los escépticos, quienes, como yo mismo hace años, no creen que esto es posible. Empezamos escogiendo a una persona sentada a una distancia apropiada en un restaurante o un lugar público y, sin ser demasiado obvio, «nos enfocamos» en su aura. Aunque no siempre funciona, los resultados son más positivos que lo contrario.

Es mucho más fácil ver el aura en clase, donde la iluminación y el fondo se pueden controlar más adecuadamente.

El aura en las plantas

Mi amiga clarividente es, en realidad, una mujer dotada que ha sido consciente de las auras durante más de treinta años. Comenzó estudiando plantas, desarrollando un agudo sentido de la percepción a través de su uso y utilizando plantas y arbustos como sus sujetos. El campo energético de una planta es fijo y uniforme y, aunque más sutil que las auras humanas, es fácil de ver.

¡Inténtelo!

Coloque una planta pequeña que esté sana sobre una mesa cerca de la luz. Una vez más, deberá centrar su visión más allá de la planta, ya sea en la otra parte de la mesa o sobre la pared de fondo. En pocos minutos podrá observar una envoltura verde clara y borrosa alrededor de la silueta de las hojas. Con que más densa y saludable sea la planta, más brillante será y, el aura por lo tanto, más fácil de ver.

También podrá ver el efecto de varias sustancias colocadas cerca a la planta.

Una vez haya visualizado el aura, coloque cerca, pero sin entrar en contacto, una copa de cristal fino con vino tinto en el campo energética de la planta. En breves instantes notará más vibración y algún crecimiento en el campo áurico de la planta. Tal vez parezca que se alarga e intente tocar la copa, ¡como si la planta quisiera beber! A menos que la planta esté muy seca, esto no sucederá si la copa esta llena sólo de agua. Intente colocar cualquier cosa magnética cerca de la planta y verá el efecto contrario. La mayoría de sustancias metálicas también causarán un «alejamiento» similar pero reducido, cerca de la planta. Ésta es la misma reacción que vemos en las auras humanas cuando son expuestas a esta clase de objetos. ¡Si la fuerza magnética es suficientemente intensa, el aura será «devorada» de forma completa y desaparecerá totalmente!

Las plantas también pueden ser útiles como objetos de práctica para ver cuándo no hay gente alrededor. Mi amiga que aprendió a ver las auras observando plantas, jura que ésta es la manera más fácil y mejor para aprender. Ella tiene una de la habilidades más desarrolladas para interpretar el aura de la que soy consciente, por lo tanto, no tengo razones para refutarla. Quizás haber usado este talento durante más de treinta años tiene que ver con el aumento de su extraordinaria habilidad, y después de todo este tiempo, sigue observando tanto plantas como gente.

Auras santas

Es probable que la Iglesia también constituya un ambiente pacífico de visión, y mientras leen el sermón, puede tener una maravillosa oportunidad para ver rayos o campos de energía alrededor del orador, en especial si la palabra es pronunciada con devoción. La gente llamada al sacerdocio debe tener características espirituales que se manifiesten en el aura. Los que son religiosos de verdad, sin importar la religión que profesen, muestran colores de la parte más alta en la escala de frecuencia, por lo general el añil, el violeta o el púrpura. También el dorado y el plateado estarán con frecuencia mezclados. Recuerde que las pinturas de los santos en todas las culturas tienen grandes aureolas plateadas brillantes o doradas, nunca de color marrón, rojo, verde o negro.

Entonces ¿por qué los sacerdotes visten tradicionalmente de negro? Hay buenas razones, tanto teológicas como prácticas, basadas en que quieren parecer humildes, espirituales, y por encima de cualquier preocupación por la moda o la «glorificación del cuerpo». Las preocupaciones de los sacerdotes deben concentrarse en la vida del espíritu y en estar abiertos a esta llamada. El negro no es un color en sí, sino más bien la ausencia de color, y es de naturaleza absorbente, y no refleja un matiz particular ni muestra preferencia. En ambos niveles, el metafórico y el metafísico, el negro es el color ideal para una persona que ora todos los días: «Señor lléname con tu bendición [...] Permite que la luz perpetua brille sobre nosotros».

¿Qué pasa entonces con los diferentes colores en las vestimentas sacerdotales? En diferentes épocas del año y ciertos días festivos, se usa un color particular para ese día, por ejemplo, el rojo se reserva para los días festivos de los mártires y pentecostés, cuando Cristo ascendió al cielo y aparecieron las llamas sobre las cabezas de los apóstoles. El blanco es para los eventos más importantes del calendario litúrgico: la pascua de resurrección y la Navidad. El púrpura se emplea durante el adviento (antes de Navidad) y la cuaresma, la época de la abnegación antes de la resurrección de Cristo (pascua de resurrección). El verde se usa cuando se hace balance del año y es el color normalmente visto. Estos colores han sido usados en el culto cristiano durante casi mil años, y esto no sucedió por casualidad.

Históricamente, el púrpura se ha reservado para las vestimentas de los rangos más altos de la Iglesia católica y la realeza europea. Ser «atraídos por el púrpura» es una expresión muy vieja que denota las aspiraciones de escalar posiciones esas aquellas dos instituciones jerárquicas. Uno de mis profesores jesuitas de filosofía dejó la orden de manera abrupta, pero continuó siendo sacerdote, de tal forma que pudiera seguir su llamado hacia el púrpura, al sentir los deberes pastorales en algo diferente a la enseñanza, lo que lo llevaría a escalar posiciones con más rapidez.

Una vez más, vemos que el color se emplea en una variedad de propósitos en la vida, y nunca se deben tomar a la ligera. La naturaleza espiritual y el sentimiento de ciertos colores en el aura, en especial los de vibración más alta, como el violeta, el añil y el púrpura, han sido bien conocidos durante milenios. Cuando estos colores predominan en el aura de una persona, es más que evidente que está observando a un individuo en armonía espiritual.

10

CARISMA

«Algunos nacen nobles,
otros alcanzan la grandeza
y ciertas personas tienen grandeza a su alrededor».
Shakespeare sólo podía estar describiendo
varias de las formas en que uno
puede alcanzar el carisma.

En la medida en que mi habilidad de ver el aura se ha expandido, también lo ha hecho la diversidad de objetos que hay que observar. El hecho de haber sido un artista durante casi la mitad de mi vida me ha dado la oportunidad de trabajar con personajes famosos que tienen la reputación de poseer uno de los grandes dones: el carisma.

¿Qué es el carisma? ¿Quién lo posee o cómo se obtiene? ¿Cómo se puede descubrir?

Algunas personas dicen que es un magnetismo animal. Otras lo describen como un atractivo físico, junto con una personalidad atrayente y sociable. Sin embargo, otros no señalarían las características físicas del todo, pero sí una presencia dominante que trasciende la personalidad y la pulcritud.

Aunque todos están de acuerdo en que ciertas personas lo poseen y que se suelen reconocer con facilidad.

¿Cómo es el aura de estas personas? En primer lugar, no toda la gente con carisma es especial y famosa, y no toda la gente famosa tiene carisma. «Algunos nacen nobles, otros alcanzan la grandeza y ciertas personas tienen grandeza a su alrededor». Shakespeare sólo podía estar describiendo varias de las formas en que uno puede alcanzar el carisma.

No hay un patrón fijo o color similar a lo que he visto en otros grupos de gente (por ejemplo, ingenieros y enfermeros); cada uno de alguna forma exhibe un poder o control sobre él mismo y sobre los demás. Esto por lo general va más allá de un ego engrandecido, y no debe confundirse con el carisma, que se refleja en menor escala de energía y color.

Hay familias donde cada uno de sus miembros exhibe dones especiales. He tenido la oportunidad de observar una familia con todos estos dones en un lugar, y en el mismo lugar, y dispersos a través de tres generaciones: Janet Auchincloss; su hija, la fallecida Jackie Onassis; y su nieta, Carolina Kennedy.

Una vez, y casi por casualidad, me encontré presente en una reunión familiar para celebrar el bautizo de la biznieta sobrina de Janet Auchincloss, Alexandra, en un lugar llamado Yellow House, en la Hacienda Hammersmith, en New Port, Rhode Island, durante las competiciones de regatas para la Copa América a finales del verano de 1983.

Yo era uno de los invitados que no pertenecía a la familia, y durante el transcurso del día tuve la oportunidad de contemplar su mundo y el comportamiento de estas mujeres en diferentes situaciones. Esa tarde, y después del bautizo, iba a tener lugar mi actuación, pero debido a complicaciones sólo fui invitado a permanecer todo el día en la casa y luego en su playa privada. Me invitaron de nuevo a actuar tres días después, con lo que me dieron la oportunidad de observar su estilo de vida, incluyendo a algunos miembros de la realeza.

Ese día resultó perfecto. Al no tener que trabajar durante la fiesta, tuve la oportunidad de reunirme y observarlos en su casa y en un ambiente muy relajado. Jackie, sin importarle «su grandeza», lanzó un pedazo de pastel de bautizo a la cara de su hermana, Lee, mientras que ella respondía de la misma forma. Las dos rieron como colegialas.

Mientras volvían a guardar la compostura, las diferencias en las auras entre las dos era sorprendente: la de Jackie era mucho más radiante, la de Lee era más reservada y oscura. Lee mostraba más ego, y Jackie, más carisma. Había una sombra oscura rodeando a Lee que parecía estar ausente en su hermana. Era lo contrario a lo que uno podría suponer, conociendo los hechos históricos que rodeaban a Jackie. Ella irradiaba amarillo, dorado y rosado, alternado con púrpura, todo en un tono muy brillante y claro.

La naturaleza caleidoscópica de su aura ese día era impresionante y mostraba a una persona muy compleja, aunque de buen corazón. Hubo elementos de timidez (rosado), junto con fuertes reservas religiosas (púrpura), apoyados por un sentido intrínseco de amor y cuidado (amarillo) y un alto logro personal con control mental, emocional y espiritual (dorado).

A nivel personal, Jackie era algo abstracta y distante, muy similar a su hija. Carolina, quien se encontraba recostada en una silla en el patio cerca de la esquina de la casa observando la reunión; parecía muy etérea. Recuerdo lo translúcida que se veía, una forma casi fantasmagórica, con colores pastel rodeando su cabeza y hombros de color amarillo verdoso y una banda azul pálida. Mientras los ojos de su madre cambiaban de forma constante, ya que nunca fijaban su mirada durante mucho tiempo en un lugar, Carolina tenía una mirada fija, penetrante, inteligente y de compostura. Pero ella también parecía alejada. Durante más de media hora permaneció sin ser molestada, y todo ese tiempo no pude dejar de mirarla, y tuve que resistirme a acercarme y hablar con ella.

Tenía carisma, pero parecía atrapada en una concha cristalina, que la aislaba y desanimaba cualquier acercamiento.

Mi amigo, quien durante muchos años había hablado abiertamente de conocerla y fantaseaba con casarse con ella con el fin de que ambos pudieran reanimar a Camelot, se quedó pasmado, incapaz de acercarse a la fuente de sus deseos. Él no se daba por vencido con facilidad. Sin embargo, tal fue el poder de la presencia de Carolina que él y yo y todos los demás que estábamos presentes mantuvimos una distancia respetuosa incluso después de que ella se levantara y entrara en la casa. Luego la vi hablar sólo con su tía y abuela, a quienes parecía querer mucho.

¿Pero quién no quería a Janeth? Ella era adorable, cálida y graciosa, y me hizo sentir que era realmente bienvenido, y parecía sinceramente interesada por mí y mi carrera musical. Tras haber logrado posición social a través de una serie de matrimonios con hombres famosos y poderosos y haber dado a luz a quizás una de las mujeres más admiradas del planeta, Janeth Auchincloss era la gran anfitriona y, a su vez, un personaje maravilloso para una fascinante investigación. Ella poseía un aura ámbar y anaranjada que muestra vitalidad y energía física junto con una personalidad cálida. También había una luminosidad dorada que parecía extenderse alrededor de ella y por completo por el salón, atrayendo a todos los presentes con su suave y alentador resplandor.

Si comparamos las personalidades áuricas de este grupo, la de Jackie mostró ser la más compleja, exhibiendo fuego y brillo con muchas facetas coloridas, muy similar a un diamante. También era la más viva, pero de una forma muy controlada. Carolina era inteligente, reservada, plácida y serena, con cantidades de energía de alto nivel también bajo control. Ella mostraba una tranquilidad que de ninguna manera era presumida, pero de algún modo no reflejaba ningún deseo por el acercamiento, y era la persona menos accesible de las tres. Janeth era precisamente lo contrario, quizás porque ésa era su casa y estaba más en su elemento, rodeada por los suyos un hermoso día, celebrando un feliz acontecimiento.

Las tres eran muy diferentes, pero cada una en su propia forma definía por completo el término carisma.

He conocido a personajes famosos que no se podrían considerar carismáticos. Algunos miembros de la realeza europea que conocí en fiestas semanas después se ajustaban a esa descripción. El príncipe Michael de Kent era un tipo equilibrado, es decir, después de que dejara su altivez a un lado. Él parecía muy normal y accesible, tenía un aura café rojiza y naranja. Esto muestra una fuerte capacidad física y está unido al segundo chakra, que es importante para la salud física y el bienestar del cuerpo. Lo conocí justo antes de mi actuación y no noté ningún magnetismo especial en ese momento.

El difunto príncipe Johannes Thum-und-Taxis de Baviera fue menos que impactante cuando nos conocimos en un paseo de campo en la colina de la Hacienda Hammersmith, desde donde se observan los barcos veleros. Lo vi en tres ocasiones esa semana durante las fiestas de celebración de la Copa América en Newport, y también fui invitado a actuar a bordo. En ningún momento él mostró algo que se pareciera lo más mínimo al carisma, sino que más bien parecía decadente y egocéntrico.

Fue difícil ver su aura, y lo que se alcanzaba a percibir era oscuro, cerca del cuerpo, y opaco. Éste es el mismo tipo de aura que uno puede ver en una persona deprimida o químicamente dependiente; alguien con el peso del mundo a sus espaldas. Tal vez estaba enfermo y tomaba algún tipo de medicamento que pudiera afectar al aura en forma negativa.

La noche de su fiesta la alegría era contagiosa a bordo del yate, con mucha gente reluciente vestida de esmoquin y trajes de baile de fantasías corriendo alrededor en calcetines para no estropear la cubierta brillante. La gente parecía divertirse muchísimo mientras yo caminaba con mis calcetines tocando mi guitarra y satisfaciendo peticiones.

Al detenerme en una mesa por petición de una hermosa joven, quedé fascinado por su aura radiante. Más tarde descubrí que esa mujer era la princesa Gloria, la esposa de Thurn-und-Taxis. Se consideraba que tenía tanto linaje real como el príncipe Johannes, y era muy joven y hermosa. Más tarde hablamos brevemente y me sorprendió su conocimiento del panorama musical estadounidense. Asimismo me solicitó varias canciones, que interpreté encantado.

Su aura, que recuerdo muy bien, tenía cada uno de los diferentes colores unidos. Este tipo de auras se ve en muy raras ocasiones; por lo general aparece en niños y adolescentes de ascendencia europea, y algunas veces en adultos de ascendencia africana o raza india.

Unos días después, la vi de nuevo en una cena que celebraba «Foxy» Carter, el entonces director de operaciones de la CIA en el Sudeste asiático, en su casa en Newport. Ella tenía el aura un poco menos vibrante que la noche anterior en el yate, pero como yo estaba ocupado con el show, no tuve oportunidad de estudiarla en profundidad.

La princesa Gloria, tal vez debido a su juventud y a su considerable diferencia en edad con el príncipe Johannes, poseía un aura muy vibrante y única. Ella es la única persona de linaje real que mostró características que podrían llamarse carismáticas.

Es importante reiterar que la fama y el carisma no siempre van de la mano. Debe haber al menos una persona que conociera en algún momento de su vida, ya sea un profesor o un compañero de clase, quizás alguien con quien usted trabajaba, que muestre esta cualidad. En casi todos los casos, estos individuos no habrán tenido un perfil público reconocible de forma instantánea, pero de ninguna manera esto disminuye el don que ellos muestran tan fácilmente.

11

AURAS EN LA ACTUACIÓN

Algunos de los artistas con que he trabajado
son irreconocibles fuera del escenario.
Pero al encender las luces frente a cientos
de sus fieles seguidores,
una transformación fascinante acaece.

¿Qué es lo mágico de la actuación? ¿Por qué deseamos estar cerca de ésta, verla, y, por lo tanto, intervenir en ella? ¿Por qué una actuación es grandiosa y otra sólo normal? ¿Puede estar presente algún intercambio sutil de energía en uno y ausente en otro? ¿El aura del artista realmente conmueve al público?

La cantante estadounidense Janis Joplin afirmó: «La actuación en el escenario es mejor que el sexo». Desde mi punto de vista de artista, le puedo decir que a veces, cuando estoy en contacto con el público, sentimientos muy similares a la euforia poscoital me envuelven como olas de aplausos que caen a mi alrededor. «Yo tuve a ese público en la palma de mi mano», puede haber afirmado un artista que alguna vez ha estado frente a un público aclamador. Subir al escenario puede ser una experiencia espantosa que no quiera repetir, o una tremenda emoción que no pueda olvidar. Todo depende de si forja un vínculo con el público.

Un buen artista levanta nuestros espíritus y nos hace olvidar los problemas personales durante un rato. Sin importar el medio, ya sea la música, el teatro, el baile o incluso el relato de cuentos alrededor de una hoguera, el público es atraído hacia el mundo del artista. Lo mágico sucede cuando el hechizo es lanzado, y el artista y el público logran crear un mundo aparte. Al trascender la realidad diaria, el artista y el público crean un aura en conjunto, que podría ser vista si usted se puede alejar lo suficiente para observar al grupo como a un todo, pero definitivamente se siente por todos los presentes.

El comediante es la clase de artista que basa por completo su actuación en hacer y mantener un vínculo personal e inmediato con el público.

Cuando no tiene lugar el contacto, es una experiencia dolorosa para el artista y el público. Por lo general el artista no tiene donde ocultarse, no hay instrumento para ocultarse detrás, no hay canción que interpretar, sólo chistes que contar que no son muy cómicos. Esos mismos chistes explicados por otra persona bien podrían ser histéricamente divertidos, pero sólo si se establece primero el vínculo áurico con el público.

Casi siempre la mejor expresión de arte tiene algunos elementos del cuerpo, la mente, el corazón y el espíritu, presentes en él, sin importar su presentación. Esto nos transporta fuera de nuestro ser, hacia un estado de conciencia y entendimiento superior utilizando algún (o todos) esos aspectos de nuestra verdadera naturaleza. La afirmación de esta naturaleza, en especial cuando llega al corazón y al alma, es la gran atracción para todas las formas de arte. La confirmación del «éxtasis» es lo que nos hace regresar una y otra vez a la magia de esta experiencia trascendente. Tanto el artista como el público son alimentados y nutridos por esta relación simbólica.

Los directores sinfónicos como grupo son notorios por sus largas vidas, con frecuencia dirigiendo orquestas hasta bien cumplidos los ochenta años. Sólo cuando los artistas llevan una vida de excesos o se entregan a las drogas (demasiados para enumerarlos), vemos una vida más breve que el promedio de los artistas en general.

Algunos de los artistas con quienes he trabajado son irreconocibles fuera del escenario. Pero al encender las luces frente a cientos de sus fieles seguidores, ocurre una transformación fascinante.

Así que ¿cuál es esa transferencia de energía que sucede en escena? Podemos ver y sentir los efectos sin importar en qué lado de las luces del escenario estemos. ¿Es la falta de esta energía la que hace que muchos artistas se entreguen al uso de estimulantes artificiales?

Algunas estrellas afortunadas, como el cantante James Taylor, confrontan sus experiencias negativas a través de su trabajo actuando de forma más extraordinaria que al inicio de su carrera. Por medio del arte han alcanzado paz y tranquilidad en su vida, a veces con sorpresa para ellos mismos. ¿Puede el amor y la adulación que han recibido de tantas almas durante tanto tiempo haber sido la verdadera gracia de salvación?

Auras en y fuera del escenario

Después de estacionar mi automóvil detrás del teatro, me encontré con un hombre alto parado entre dos equipos de remolque, con pantalones cortos y una camiseta blanca, bloqueando mi paso. Sus brazos largos estaban extendidos, y tocaba con cada palma de la mano el costado de aluminio de los camiones, en lo que podía haber sido una postura amenazante si no fuera por su graciosa sonrisa y parado de flamenco.

¿Qué hay en el estuche?, preguntó él con interés.

«Maldición –pensé–, otro entrometido, y todo lo que quiero hacer es llegar a los bastidores e instalarme».

Estaba retrasado para la prueba de sonido y no tenía tiempo para mostrarle mi guitarra hecha a la medida a otro guardián del teatro. Así que puse el estuche en el suelo y lo abrí. Ambos colocamos una rodilla en el suelo, saqué el instrumento con cuidado y se lo mostré.

—¡Nunca antes había visto algo como esto!

—¿Qué es? –preguntó–. ¿La ha hecho usted?

Ésta era la reacción típica cada vez que alguien interesado por instrumentos musicales veía por primera vez una guitarra acústica Adams AB. Francamente, ya me estaba cansando de repetir como una letanía todos los maravillosos detalles respecto a su construcción.

Mi impaciencia aumentaba y estaba a punto de arrebatarle la guitarra de sus manos cuando él finalmente logró sacar los primeros acordes. En ese momento de epifanía musical me di cuenta de que este hombre había aparecido en la portada de la revista *TIME*. Era el compositor de algunas de mis canciones favoritas. Había visto este rostro en las portadas de los discos y revistas durante años, y no me di cuenta quién era hasta que comenzó a tocar mi guitarra en su estilo inconfundible. Era James Taylor.

Mi primera impresión había sido equivocada, quizás por la forma y el lugar en que lo conocí y la manera en que vestía. También pudo haberse debido a mi falta de concentración y nerviosismo. Mis expectativas de cómo sería después de todos esos años de conocerlo sólo a través de su música pudo haber sido otra razón.

Su personalidad y su conducta fuera del escenario eran muy similares a la de un acompañante de banda o de un técnico, y no a las de una estrella del rock internacionalmente conocida. En vez de proyectar energía, parecía estar interiorizando sus fuerzas mostrando un aspecto de timidez. Esta imagen se mantuvo durante las otras oportunidades que tuve de verlo, aun cuando su humor oscilaba. A veces parecía sombrío, pero en general era amable.

En este primer encuentro, él se presentó abierto y entusiasta, y me explicó muchas anécdotas personales y me pidió consejo sobre temas como el matrimonio y los hijos. Mencionó un inminente divorcio, lo que me conmovió, ya que todo el mundo en ese tiempo creía que su unión con Carly Simon estaba firmemente arraigada.

Aquí estaba yo, sintiéndome como un reportero, excepto que no estaba haciendo ninguna pregunta. Él, de manera voluntaria me abrió su corazón y su mente. Su confianza en mí, un verdadero extraño, fue abrumadora, y siento decir que por alguna razón nunca me centré en su aura durante el tiempo que duró el encuentro.

Una vez Taylor subió al escenario, su personalidad cambió completamente, y tuve la oportunidad de estudiarla en detalle. Su actividad en el escenario se tornó más física de lo que hubiera pensado. Parecía atraer energía de los miembros de su banda en un principio, y luego la música fluyó a caudales de su ser. A medida que se desarrollaba el concierto, su interacción con el público iba en aumento.

Al final, el aura de James Taylor apareció de color azul oscuro con tendencia al violeta cada vez que él se callaba o se mostraba pensativo. Aun pensativo y tímido, él, no obstante, mostró destellos de amarillo y púrpura cuando hablaba y se animaba cuando algo le resultaba interesante.

Sin embargo, fue el color verde el que se notaba con más frecuencia, tanto en el escenario como fuera de él. El verde claro era expandido por una banda dorada cuando se relajaba en la mitad de sus canciones frente a miles de personas o con un público reducido en un lugar privado. El verde es el color de la curación y el equilibrio, y quizás éste muestre el efecto terapéutico de su música en su propia psique.

Exhibió múltiples colores del espectro con un campo áurico completo. Por lo tanto, se podría suponer que se siente más feliz y equilibrado cuando está en un ambiente musical. Palabras como «cálido», «suave» y «tierno» vienen a la mente cuando uno piensa en su música, muy diferente del estilo de vida de las drogas y depresiones que fueron los elementos centrales en los primeros años de su vida. Indudablemente, la música jugó un papel en la superación de estos obstáculos, y en los últimos años, parece saludable.

Como ya se mencionó anteriormente, usted tiene la capacidad de observar su propia aura. Una vez se sienta cómodo con la visión de sus propios colores áuricos en el espejo, piense en las tablas de multiplicación, comenzando con el número seis y contando hacia arriba, hasta el número doce. A medida que se esfuerce por recordar (o imaginar) las respuestas, notará la diferencia en color, tamaño e intensidad de su campo áurico. A menos que resulte ser un genio en aritmética, el aura se oscurecerá, encogerá y bajará de intensidad alrededor de su campo áurico visible.

Inténtelo con alguien con quién ya haya establecido una línea de base áurica, y aparecerán los mismos resultados.

12

AURAS POLÍTICAMENTE CORRECTAS

*Las auras de los políticos suelen
ser muy diferentes a las de los artistas.
Cuando un político está pronunciando un discurso,
actúa y está sujeto a la dinámica público-actor,
pero ahí es donde termina la similitud.*

Imagínese lo que la finada Virginia Kelly, la madre de Bill Clinton, debió de sentir cuando vio a su hijo jurar como presidente número cuarenta y dos de Estados Unidos. El domingo, después de una semana de celebraciones inaugurales, volaba de nuevo a casa, en Arkansas, cuando vi a la Señora Clinton. Parecía que se encontraba en las nubes. En realidad, por lo que pude ver, ¡no necesitaba un avión!

Sentada al otro lado del pasillo en el vuelo 1661 a Nashville, no tenía ni idea de quién era esa mujer vestida de negro. No dudaba de que era conocida por todos los demás, ya que saludaba y firmaba autógrafos mientras caminaba de un lado a otro por el pasillo después de que despegara el avión. Tal vez era una cantante de música que no reconocía. El hombre que estaba a mi lado sacó una chapa grande de cerámica de su bolsillo con la figura de Clinton y me la dio.

—Dale esto a Virginia cuando se vuelva a sentar. No creo que lo tenga.

Obviamente aún no entendía nada, así que dijo de manera amable:

—Es la madre del presidente.

Al tratarse de un vuelo comercial y al suponer que sería inconcebible para la madre del presidente no estar en un vuelo de la Fuerza Aérea o en algún jet privado, me pregunté:

—¿Por qué hay tanto alboroto por la madre del presidente. Presidente de qué, de American Airlines?

Sólo cuando el capitán dijo por el altavoz: «Queremos agradecer a la Mafia de Little Rock por volar a casa con nosotros», y después de escucharse aplausos y vítores en la cabina, entendí por fin lo que sucedía. Al parecer me había registrado sin saberlo en la fiesta de viaje inaugural rumbo a Arkansas. Cuando Virginia regresó a su asiento, le entregué el emblema con la foto de su hijo.

—¡Ése es mi muchacho! ¡Ése es mi muchacho! –gritó ella–. ¿Dónde lo ha conseguido?

Yo señalé al hombre que estaba a mi izquierda.

—Hola –dijo ella–. Yo lo conozco. Usted es el esposo de Jane.

De repente, colocó su mano izquierda en mi hombro, agarrando con la otra mano la parte alta del asiento frente a mí, y se inclinó a unos pocos centímetros de distancia frente a mí para comenzar una animada conversación con el esposo de Jane. La cercanía física con la madre del presidente me hizo pensar en muchas preguntas que quería hacerle. Dije algo entre dientes sobre una actuación para la familia Gore la noche antes de los debates vicepresidenciales y agregué:

—Mi hermano Michael fue a la escuela con su hijo Bill en Georgetown.

—¿De veras? ¡Yo sabía que usted era alguien conocido! –dijo mientras apretaba un poco más fuerte mi hombro.

Al final logré hacerle la pregunta que tanto deseaba hacer:

—¿Cómo se siente realmente ante todo esto?

Virginia movió sus ojos, inclinó su cabeza hacia atrás y gritó. Luego me miró, con una sonrisa de beatitud que impregnó todo su ser, y dijo de forma lenta con una pasión casi mística:

—Ohhh querido…

Las palabras no podían describirlo, en realidad no eran necesarias. Su mirada lo dijo: fue un momento trascendental.

A pesar de su apariencia, lo que veía no coincidía con su estado emocional. Se podría pensar que, con las experiencias por las que había tenido que pasar y la diversión y el entusiasmo, el aura de Virginia Kelly sería fascinante. Pero no era el caso.

Al observar su aura noté que mostraba baja vibración pero un buen grado de luminosidad. El color oscilaba desde un tono apagado hasta un azul muy iluminado y frío. Algunas veces el aura parecía desvanecerse por completo, como si un enchufe se hubiera desconectado de repente. Luego, de súbito retornaba con brillantez, parpadeaba y disminuía sin extenderse más de dos o cuatro centímetros de su cuerpo.

En ese momento supe que debía de estar cansada de tanta agitación, y me preocupé por su repentina pérdida de energía. Quizás estaba bajo alguna medicación fuerte. Parecía existir una correlación entre el aura que ella exhibió y las auras de algunos pacientes con cáncer que había visto hacía poco tiempo. Es típico en tales casos, o cuando se usa algún tipo de radiación en una persona, que el aura muestre grandes vacíos o se reduzca y debilite, lo que indica que precisa ser fortalecida.

El tratamiento del cáncer, con sus efectos secundarios debilitantes, puede ser casi tan devastador como la propia enfermedad. Cuando se ve el aura, es imposible distinguir entre las enfermedades y los efectos del tratamiento, pero creo que cualquiera que sea la causa, yo vi en el aura de Virginia los efectos reveladores del cáncer.

Otra mujer con la cual había trabajado por ese tiempo tenía un tumor incurable en su mama. Ella había recibido tratamiento masivo de quimio y radioterapia para el tumor que presionaba sus bronquios y la aorta. Éste era del tamaño de una bola de béisbol. Cuando la visité por primera vez, parecía muy saludable y no me dijo que existiera ninguna complicación. Deseaba que yo descubriera, si podía, cuál era su problema. Al colocar mis manos alrededor de su campo áurico, me sorprendí al encontrar un área claramente definida en su torso superior, que parecía lanzar chispas al azar, como si fuegos artificiales hubieran sido colocados en mi mano. Fue una sensación tan intensa que de inmediato supe que había empleado radiación recientemente, lo que ocultaba cualquier indicio del tumor.

Esto era lo que sucedía con Virginia Kelly. Aunque no fui capaz de sentir con precisión su aura a causa de las circunstancias, los efectos visibles en el aura eran muy claros, aunque externamente ella parecía estar en su mejor momento en cuanto a salud y sentirse muy bien.

El encuentro con la madre del presidente fue interesante, si se compara con mi experiencia con los padres del vicepresidente Al Gore y su esposa Pauline. Yo había asistido a una cena con ellos sólo unos pocos meses antes de mi encuentro con la madre de Bill Clinton y la diferencia en cuanto a comportamiento y aura era sorprendente.

El padre de Al Gore era un político conocido durante varios períodos en el Senado, y me dio la impresión de que era él quien estaba presentando su candidatura para el puesto. Él intentaba reprimir su extravagancia normal con el fin de no atraer toda la atención y superar a su hijo más conservador.

La señora Pauline Gore era una esposa sumisa y madre orgullosa, y se presentaba con una imagen calmada, dejando que su esposo e hijo fueran el centro de atención. En los discursos de su esposo ella era mencionada con frecuencia y se ponía como ejemplo de sentido común y práctico en un mundo político que algunas veces mostraba lo contrario. Se le describía como el ojo calmado del remolino turbulento. Esto hacía que Pauline hiciera muecas y retorcimientos, incluso mientras se sonreía y miraba a su esposo en la tarima mientras él hablaba.

Cuando estaban sentados juntos y hablaban en voz baja, sus auras se fundían y se igualaban, lo que sucede con frecuencia con parejas que llevan muchos años casados. Usted podrá ver este efecto cuando practique los ejercicios mencionados al principio con dos personas frente a frente. Incluso con individuos que son extraños, este efecto de unión puede suceder de manera espontánea, pero inténtelo con parejas casadas y el fenómeno será más pronunciado.

Con Albert Gore padre fue interesante observar la evolución de su aura «en reposo» y los cambios que ocurrieron en todo su discurso. El efecto del público sobre el aura del político se puede ver de forma fácil en la mayoría de los casos, y mientras él hablaba, todos los rasgos comunes comenzaron a manifestarse por sí mismos: incremento en el brillo y el tamaño, con un cambio de color de naranja a amarillo que sucedió sólo después de que él pronunciara más de la mitad del discurso.

A medida que el antiguo senador se relajaba después de contar algunos chistes sobre él mismo y su familia, él comenzó a ganar energía y vibración áurica mientras hablaba de sus viejas diferencias políticas con su hijo respecto a Vietnam. Cuando su discurso se centró en la petición de votos para su hijo, un cálido brillo dorado lo envolvió y energizó tanto a él como a su esposa Pauline.

Después de la cena, se mostraron muy amables y animados, parecía que nunca se hubieran reunido con extraños, y dedicaron varios minutos a todo aquel que deseara hablar con ellos. Ahora estaban habitando en la misma burbuja amarilla dorada, incluso mientras conversaban de forma separada con diferentes individuos. Si bien no comenzaban a parecerse físicamente el uno al otro, como sucede con algunas parejas casadas, sus auras al menos armonizaban mutuamente, exhibiendo una mayor similitud antes que diferencias de sus partes separadas.

La política se diferencia de la farándula de varias formas fundamentales (aunque han sido comparadas de manera más directa desde la elección en Estados Unidos del primer actor presidente).

Si un artista tiene una mala noche, siempre tendrá otra oportunidad al día siguiente. Cuando un político pierde, pueden pasar años, o quizás no suceda de nuevo, antes de que se postule de nuevo.

Por lo tanto, las auras de los políticos tienden a ser muy diferentes a las de los artistas. Cuando un político está pronunciando un discurso, actúa y está sujeto a la dinámica público-actor, pero ahí es donde termina la similitud.

Los políticos que he visto de cerca, ya sean ganadores o perdedores, muestran un tono más oscuro y profundo de cualquier color que irradien (con frecuencia azul marino), y parece muy controlado y compacto en cuanto a radiación, extendiéndose no más de unos cuantos centímetros. Tal vez esto muestre el control mental que los políticos ejercen de forma consciente para mantener una imagen políticamente correcta.

13

AURAS
EN EL AMOR

Lo que vemos, visualizamos
y sentimos tienen mucho que ver
con la imagen que proyecta nuestra aura.

En mis clases de aura uno de los segmentos más populares demuestra el efecto de la proximidad interpersonal en el aura. Usted puede haber escuchado cosas sobre la llamada atracción química, o rechazo, que los individuos experimentan cuando entran en contacto mutuamente por primera vez. Aunque esto casi con seguridad sucede (gracias a la secreción de feromonas), hay otro intercambio menos documentado que también se produce: la transferencia bioenergética. Este intercambio ahora puede ser observado y sentido. Conocemos los cambios que ocurren cuando cambia su patrón de respiración. Hemos visto los cambios en el cuerpo cuando se acerca a cristales y, dependiendo del cristal, el efecto no es siempre positivo. Lo que vemos, visualizamos y sentimos tienen mucho que ver con la imagen que proyecta nuestra aura.

Imagínese, entonces, el impacto que otro individuo tiene sobre su campo energético. Para ver estos efectos, sólo necesita tener dos personas a unos doce centímetros de distancia el uno frente al otro y enfrente de una pared. Retroceda unos tres metros y obsérvelas. Tenga en cuenta que las formas áuricas alrededor de la silueta de los cuerpos son ligeramente diferentes de aquellas cuyas auras son vistas desde el frente de forma directa. Hay un área frente a la nariz y la boca que se extiende hacia el área del cuello y se mueve hacia afuera, en forma de bola, lejos del rostro. Al observar el aura, fíjese que haya una tendencia natural a que aparezca una forma de huevo desde lo alto de la cabeza, alrededor de la parte frontal y trasera del cuerpo. Ésta no sigue la forma de la nariz, la boca, el mentón y el cuello como sucede cuando se ve el aura directamente desde el frente.

Cuando observa a personas frente a frente, a 30 cm la una de la otra, por primera vez, es posible que vea sus auras individuales, primero, y luego, de forma muy rápida, uniéndose o separándose. No es raro ver en una pareja de desconocidos que se encuentran por primera vez cómo sus campos áuricos se desplazan hacia adelante o hacia atrás, oponiéndose al movimiento de la otra persona. Con frecuencia en clase vemos cuando el aura de un hombre avanza hacia adelante al encontrarse frente a una mujer y, a su vez, el aura de la mujer se reduce al frente y es visible como una línea muy brillante que procede de su espalda; es decir, el aura del hombre parece que está invadiendo el espacio de la mujer y su aura está intentando alejarse tan rápido como puede. Hay varios casos en los que ocurre lo contrario; el aura del hombre será más opaca en el frente y más brillante en la espalda, mientras que el aura de la mujer entra en su espacio. Sin embargo, después de unos pocos minutos, el aura volverá a la normalidad y notará las líneas que comienzan a aparecer entre las frentes, de ojo a ojo, en el área del cuello, o de corazón a corazón.

Con frecuencia es posible ver una bola de energía, por lo general una masa oscura, flotando entre las áreas del cuello y la parte alta del pecho de dos personas que se acaban de conocer. Las parejas casadas, por el contrario, mostrarán un aura más uniforme y, de hecho, con frecuencia tendrán colores muy similares y campos radiantes, dependiendo de su compatibilidad y entendimiento mutuo. En individuos que gozan de gran compatibilidad es posible ver sus auras como una sola.

Dos auras como una

Después de que haya practicado las técnicas de visualización, tendrá la posibilidad de observar su aura y la de la persona amada cuando ambas se sitúan frente a un espejo. Use exactamente la misma técnica que aprendió en los primeros capítulos y será capaz de advertir dónde termina y comienza cada campo de energía y si existe una buena atracción entre los dos. Aunque es preferible estar frente a frente para que ocurra esta transferencia de energía, aún es posible (y mucho más fácil de ver en el espejo) cuando se detengan de lado.

Ver el campo áurico alrededor de dos cuerpos de forma simultánea es más difícil que ver auras individuales, en especial mientras esté aprendiendo a usar esta técnica por primera vez. De nuevo no se concentre en el frente; continúe observando detrás de la silueta de los dos cuerpos, mirando en el espejo su propia aura o la de su pareja. Es imprescindible que mantenga su concentración detrás de la imagen. No se entretenga mirando las expresiones faciales o las denominadas posturas químicas del cuerpo. Fíjese que bandas separadas de luz pueden ser visibles entre las frentes, las áreas del cuello o las del corazón, y note que estos campos están claramente definidos. Al ser estos enlaces visibles, existirá alguna transferencia de energía en estas áreas.

He tenido la oportunidad de realizar varios cruceros en los que he presentado la técnica áurica y donde he tenido la suerte de tener a bordo parejas de recién casados o que celebran su cincuenta aniversario. Esta variedad ha permitido que todos los participantes vean la gran diferencia que existe entre las auras de estas parejas. Una pareja que celebraba sus bodas de oro me pidió que leyera sus auras. Muchas de las personas presentes quedaron asombradas al ver un campo unificado alrededor de los dos. Esta unidad también fue sorprendente por el hecho de que sus auras individuales eran similares en lo concerniente al color, la forma y la intensidad. Era muy obvio que tenían un campo de energía y presentación muy semejante.

Por otro lado, fue un poco vergonzoso para las parejas que tenían problemas. Tenga en cuenta que esto no se debe usar para invadir la privacidad; sin embargo, la visión áurica nos da una idea adicional y una habilidad para analizar parejas desde una nueva perspectiva.

Usted también puede ver el efecto que tiene el amor sobre el aura de un individuo. Cuando mire su propia aura en el espejo, piense en alguien a quien ame y trate de sentir esa emoción de amor que está enviando y recibiendo de esa persona. Su aura resultará más fuerte y brillante de manera inmediata. De la misma manera, cuando mire a alguien de forma áurica, pídale a esa persona que piense en alguien que ama y verá que también se registra un cambio inmediato en su campo. Observe también a dos personas que se miran mutuamente a los ojos. Con frecuencia se verá que existe un canal visible de energía que actúa como un puente entre ellos, por lo general notado en la línea entre los ojos.

Muchas veces me han pedido estudiar parejas para determinar si sus energías son compatibles, y es sorprendente lo fácil de determinar basándose en la visión del aura. Con un poco de práctica, será capaz de determinar, en usted mismo y en otros, cuán abierto está su chakra del corazón y cuán introvertido o extrovertido es usted en temas del corazón.

14

AURAS
CERCANAS
A LA MUERTE

Después de vislumbrar el todo,
muchos de los que experimentan haber estado cerca
de la muerte encuentran que emociones como
el miedo, la impaciencia y la hostilidad por lo general
dejan de ser una preocupación. Entre los grandes
beneficios está, sin embargo, la eliminación del miedo,
sobre todo el miedo a la muerte.

Uno de los fenómenos más comentados en el último cuarto de siglo es la experiencia de cercanía a la muerte, durante la cual alguien muere, o parece estar cerca de la muerte y luego regresa a la vida con historias sobre el «mundo del más allá». Se estima que trece millones de personas en Estados Unidos han tenido esta sobre-cogedora experiencia. Muchos libros, películas, artículos de revistas y programas de televisión han examinado es-te tipo de experiencias cercanas a la muerte u otras ex-periencias de separación del cuerpo, que no implica la muerte clínica en realidad, pero son similares en cuanto a su naturaleza. El número real de experiencias es probable que sea mayor, dado que muchos individuos rehúsan a hablar de algo tan extraordinario e increíble, y mucha gente «normal» puede pensar que están locos.

Los comentarios de estas experiencias tienden a seguir, si no todas, sí muchas de estas características comunes:

- Una sensación de que la persona ha abandonado su cuerpo y está flotando sobre él.
- Una visión lúcida del área, con una comprensión detallada de lo que los demás se encuentran haciendo alrededor, especialmente durante procedimientos médicos de emergencia o cirugías.
- Atravesar un túnel o senda oscura que conduce a una luz brillante.
- Finalmente llegar a la tan anhelada luz, que es indescriptiblemente radiante, cálida, atractiva y de paz absoluta.
- Conocimiento y entendimiento total. La persona siente que es parte del universo y cuál es su misión en él.
- La visión de personas que podrían ser miembros de la familia o amigos fallecidos.
- Visión clara de los hechos positivos y negativos que han transcurrido durante la vida.
- Un entendimiento de que todavía no es el momento de partir, o el sentimiento de que se aproxima el final y de repente se regresa al cuerpo.

La duración real de la experiencia en cuanto tiempo cronológico puede ser de tan sólo unos segundos, o puede durar una hora o más en casos extraños. Pero para el que experimenta la situación, no existe ninguna correlación con el tiempo tal como lo conocemos. De hecho, existe muy poca correlación con cualquier cosa que suponemos saber en nuestra realidad normal.

Las palabras no pueden describir estas experiencias fuera del cuerpo mejor de como podemos describir el color a un ciego o la música a un sordo. Imagínese que sería como haber vivido en una caverna toda la vida y de pronto encontrarse fuera de ella al calor y a la luz del sol, rodeado de océanos, montañas, tierras y bosques, experimentando todo esto simultáneamente por primera vez, y luego tener que regresar a la caverna y tratar de explicar lo sucedido a alguien que nunca ha salido de la caverna.

Incluso esta analogía no describe por completo la abrumadora sobrecarga sensorial y emocional producida por estas experiencias. Las respuestas comunes proporcionadas al comienzo por estas personas cuando se les pregunta que relacionen lo que ocurrió durante su «viaje» son:

- «Las palabras no son suficientes para describirlo del todo».
- «El lenguaje no es apropiado para transmitir los sentimientos».
- «Tienes que experimentarlo, entonces lo sabrás».
- «No hay nada similar en este mundo».

- «No puedo explicarlo con palabras, pero no quería salir de ahí».

Las experiencias cercanas a la muerte y la separación cuerpo-alma causan a menudo cambios de conducta que alteran la vida de aquellos que las han sentido. Quizás las separaciones cuerpo-alma son incluso responsables de muchas conversiones religiosas y místicas como la experimentada por san Pablo en el camino a Damasco cuando encontró «la luz» y se convirtió en seguidor de Cristo en lugar de perseguidor de los cristianos. De hecho, la Biblia está llena de experiencias místicas que se podrían atribuir a algún tipo de separación cuerpo-alma. Los místicos de todas las sectas religiosas hablan de fronteras que trascienden el mundo terrenal, vislumbrando el cielo brevemente y luego regresar para hablar de las maravillas que han contemplado.

La verdad universal, la belleza, la sabiduría y, ante todo, el poder infinito del amor resuenan a través de estas personas, quienes podrían utilizar sus tradiciones culturales o creencias religiosas para describir y perso nificar esta anhelada luz como una manifestación de Dios.

La mayoría de la gente que sufre estas experiencias no se dispone a salvar al mundo, pero sí obtiene una perspectiva diferente de la vida.

Algunos realmente se retiran de sendas profesionales previas o cambian de dirección hacia el servicio a los demás en vez de seguir aumentando riqueza.

Muchas personas que han estado cerca de la muerte manifiestan cambios profundos en su actitud hacia la gente y hacia la familia y los amigos en particular.

Después de vislumbrar el todo, muchos de los que experimentan haber estado cerca de la muerte encuentran que emociones como el miedo, la impaciencia y la hostilidad por lo general dejan de ser una preocupación. Entre los grandes beneficios está, sin embargo, la eliminación del miedo, en particular el miedo a la muerte. Todos aquellos que he conocido con experiencias similares hablan de una pérdida del miedo a morir.

Quizás no perdamos el miedo al dolor y al sufrimiento, o la sensación de dolor y pésame, cuando alguien cercano a nosotros muere, pero la transición real fuera de esta vida nunca más vuelve a causar algún miedo o temor. Para muchas de estas personas, la idea de la muerte puede casi describirse en términos de «retornar a casa».

Del mismo modo que desaparece el miedo a morir, tampoco parece haber un incremento de las ansias de morir entre estas personas. En la actualidad hay más de cien personas incluidas en un estudio del doctor Bruce Grayson, de la Universidad de Connecticut, que sigue la pista de las vidas de aquellos que intentaron suicidarse y tuvieron una experiencia cercana a la muerte en un período de veinte años. La investigación realizada muestra una reincidencia al suicidio de cero. En otras palabras, aquellos que experimentaron una cercanía a la muerte mientras intentaron suicidarse han escogido vivir, mientras aquellos que intentaron el suicidio sin lograr conexión alguna con la cercanía a la muerte continúan en el promedio normal de reincidencia del 80 %. Sin saber lo que le sucede a las personas que tienen estas experiencias (tema en el cual la ciencia es incierta), la información indica, evidentemente, cambios profundos en la conducta y en el estilo de vida.

En vez de decidir morir, estas personas encuentran más tranquilidad en la vida, cada día se vuelve más intenso, las relaciones se tornan más íntimas y el tiempo más precioso. Muchos afirman que el amor a sus hijos o algún asunto inacabado con los miembros de la familia es el factor prioritario en su retorno a la existencia. Hay una razón por la que estamos aquí (aunque la respuesta no se sepa aun después de una experiencia cercana a la muerte), y es esta sensación de misión la que intensifica la vida después de estar cerca de la muerte o separado del cuerpo, y evita que las personas desaparezcan de esta vida prematuramente.

En mi caso en particular, estas experiencias han tenido un profundo impacto, tal vez debido a que sucedieron muy pronto en mi vida y con frecuencia. Siempre me he sentido «guiado» y bendecido. Incluso cuando era niño, tuve una conciencia y aceptación de un mundo del más allá. Este estrecho vínculo con la espiritualidad fue reforzado por una educación católica en la década de 1950. Fui también rebelde, y mis amigos me consideraban diferente. Mis padres más bien «difícil», pero la curiosidad por casi todo lo que encontraba hacía que me metiera en problemas con frecuencia. A la edad de once años, después de darme cuenta de que tenía un potencial ilimitado (y una fuerte atracción) a hacer travesuras, también supe que estaba en la Tierra para utilizar mi talento con un propósito positivo, y prometí hacerlo así una noche de primavera mientras estaba en mi cama reflexionando y rezando justo antes de que cumpliera doce años.

Cada experiencia sucesiva de separación cuerpo-alma me hizo más consciente de mi llamada, la cual me ha llevado a varios cambios de carrera y vivir en diferentes lugares. Al ser afortunado por experimentar con éxito la vida desde otras perspectivas, nunca me he sentido limitado o solitario, sólo afortunado y amado.

Aun cuando nunca me he casado o encontrado el amor de mi vida, sí he tenido algunas relaciones maravillosas profundas y apasionadas. Cada relación me ha enseñado algo, pero creo que todavía continúo aprendiendo. Quisiera tener un hijo, y espero algún día gozar de esta experiencia de la vida tan importante, pero quizás las experiencias cercanas a la muerte o de separación cuerpo-alma que he tenido son las únicas experiencias de (re)nacimiento que alguna vez conozca; si es así, mi vida ha sido y seguirá siendo extraordinariamente plena y feliz.

¿Fueron estas experiencias la causa primordial de mi felicidad? Creo que no, pero me ofrecieron una visión interna particular que ciertamente me ayudó a sobrellevar contratiempos y me permitió ubicar los fracasos y las desilusiones dentro de una perspectiva global.

¿Estas experiencias de separación cuerpo-alma cambiaron mi habilidad para ver las auras? De nuevo creo que no, porque cualquiera puede ver las auras, no sólo aquellos que han estado cerca de la muerte o han separado su alma de su cuerpo.

¿Cambia el aura después de este tipo de experiencia? Probablemente sí, pero nunca he realizado un estudio para comprobarlo. Puedo afirmar que las auras de las personas que he conocido con este tipo de experiencias parecen ser un poco más resplandecientes y más radiantes que aquellas de la gente normal que uno pudiera ver en la calle o en una de mis clases. Hay algo en la persona que ha pasado por este tipo de experiencias que pudiera no ser aparente a primera vista, pero a medida que la conversación gira en torno a ciertos temas (espiritualidad, vida después de la muerte, filosofía, estados de conciencia, etc.), se puede notar un nivel casi agitado de entusiasmo. Esta emoción es la que causa la manifestación más alta de energía observada en estos individuos, aunque en general se puede anotar que cualquier emoción alta incrementa el flujo del aura y su visibilidad.

Y, sin embargo, hay un brillo poco común que estas personas muestran en sus campos áuricos, que es, en cierto sentido similar a aquello descrito previamente como perteneciente a la gente carismática. La diferencia parece centrarse en la frecuencia de la vibración, que parece más lenta, más baja y más físicamente emocional en la persona carismática, mientras que la vibración de aquellos que estuvieron cerca de la muerte o separaron su cuerpo de su alma es más rápida, más clara y más etérea.

Aunque no parece existir un color en particular asociado con la experiencia de cercanía a la muerte, la separación cuerpo-alma o las personas carismáticas, los colores que poseen son brillantes y radiantes. La calidad de la energía proyectada en el aura parece ser más nítida o clara, y, con frecuencia, parece haber también mucha más cantidad.

La clarividencia y las auras

Algunos psíquicos y lectores de auras no ven realmente los colores cuando divisan el campo áurico; a menudo basan sus visiones en el nivel de energía que ven y sienten. Hace poco una de estas personas me leyó el aura sin saber que yo estaba escribiendo un libro sobre el tema. De hecho, no sabía absolutamente nada sobre mi.

Ginny Stringer me recibió en su oficina, repleta de luz natural, y me hizo sentar frente a una cortina blanca. Recomendada por algunos de mis estudiantes, yo estaba fascinado por saber cuál sería la técnica de alguien que veía auras.

A juzgar por su organización y ambiente profesional (sin incienso, rosarios o costumbres gitanas), todo indicaba un buen comienzo.

Ginny me dijo que ella solamente interpretaba la energía que una persona proyectaba y no veía los colores en el aura. Procedió a comentarme varios detalles de mi reciente pasado que fueron tan específicos y precisos para ser coincidencia:

—Veo que has ido a la consulta de un dentista recientemente, pero llevabas tiempo sin ir. También vas a estar allí otra vez la próxima semana.

Eso era cierto. Dos días antes, me habían puesto una muela temporalmente en mi primera visita al dentista en casi tres años, y yo iba a regresar para la muela permanente en menos de una semana.

—¿Tienes problemas de sinusitis?

—No –dije–. Me están haciendo un drenaje nasal y no tengo ninguna alergia o gripe.

—Si no tienes el problema, alguien cercano a ti sí lo tiene –dijo.

Pensé un minuto y recordé que mi novia sufría sinusitis crónica e inflamación bronquial superior, pero antes de que yo dijera algo, Ginny repuso:

—Estás en contacto íntimo o laboral con dos mujeres que tienen este problema.

Mi secretaria había salido del trabajo temprano justo el día anterior con un caso severo de sinusitis. Antes de que pudiera responder, ella continuó:

—Una de las mujeres está a punto de hacer un gran cambio. La veo quitándose una tarjeta identificativa con su foto y marchándose.

Ella representó la acción de desprenderse de la tarjeta y la sostuvo como si me la estuviera entregando. Me di cuenta de que era cierto, dado que mi secretaria cumplía su último mes de trabajo, y estaba a punto de trasladarse de estado, y que yo, como el jefe de recursos humanos, recibiría su tarjeta identificativa cuando ella se retirara de la compañía.

Ciertamente, algo especial estaba sucediendo, y Ginny estaba en lo cierto. ¿Pero cómo podía ella estar viendo esto en mi aura? Evidentemente, yo no podía predecir el futuro o describir el futuro reciente con sólo mirar el aura.

O así lo creí.

Después me dijo que conocería a mi futura esposa (¿cómo supo que yo todavía no estaba casado?) en más o menos dieciocho meses en una conferencia que tenía que presentar sobre un documento que había escrito. El esposo de ella entró en la oficina y le entregó un mensaje. Él me observó brevemente y luego salió. Yo estaba impresionado por la blancura y poca visibilidad de su aura, y pude sentir el dolor físico y emocional derramándose de forma radiante sobre él como si se tratara de olas.

Cuando terminé mi visión y le dije que podía ver las auras, ella, de inmediato, quiso saber qué había visto en el aura de su esposo.

—Explícame algo sobre su salud… ¿Cuánto tiempo crees que le queda?

Impresionado por sus preguntas, le manifesté que sólo había visto a su esposo unos segundos, no lo suficiente para formarse cualquier opinión en profundidad, y que no solía decirle a la gente que estaba a punto de morir.

—Por favor, tú sabes bien que él está enfermo. Si puedes ver las auras, deberías poder ver su dolor, su ubicación, su intensidad, y si ves eso, entonces sabrás el resto.

Mientras recordaba su breve entrada en la oficina, vi de nuevo el aura blanca y gris, y recordé lo preocupado que estaba. Aunque nunca lo he experimentado, hay varios relatos de personas que no entraron en aviones o ascensores en el último momento porque sintieron que la muerte era

125

inminente o vieron algo crucial en las caras de las personas que se encontraban ante ellos. Fue el mismo tipo de intuición que sentí cuando pensé en él y su aura pálida y desvaneciéndose.

El dolor parecía estar irradiando de él con insistencia, y su expresión se podía describir como un gesto fingido, su postura ligeramente inclinada y su modo de andar arrastrándose más que cuando se camina normalmente. Averiguar su edad era difícil, pero probablemente era más joven de lo que parecía; a pesar de ello, podría acertar con facilidad al mirarlo con mi visión regular. Sus características áuricas concordaban con su condición física y poseía muchos de los elementos de aquel que está a punto de abandonar esta vida.

Mi nueva amiga áurica me presionaba por más detalles.

—¿Cuándo va a morir? En semanas, meses, años… ¿Qué ves?

Entonces respondí:

—Se ve casi como si quisiera morir, y muy pronto, a juzgar por su blanca aura. El blanco es el color de los santos o de aquellas personas que están a punto de partir de esta vida.

—¡Excelente! De verdad tienes visión. Él quiso suicidarse anoche, y hoy le he escondido su arma de nuevo. Durante el día ha estado hablando de su deseo de morir, y me temo que pueda volver a intentarlo. Tengo que estar pendiente de él todo el tiempo…

Una vez más, mi escepticismo se quedó desconcertado con los sucesos. El hecho de confiar en mis instintos más que en la lógica me permitió alcanzar una evaluación correcta de una situación que no hubiera creído que estaba en mi mano, aun después de que acabara de ser testigo del mismo tipo de evaluación clarividente sobre mí. Esta introducción a la naturaleza clarividente de la lectura de auras es algo que continúo explorando.

REFLEXIÓN FINAL

*Como individuos, tenemos la habilidad para
controlar nuestra salud y bienestar día tras día.
El conocimiento del aura es una forma de medir
y monitorear nuestra salud
en una escala totalmente diferente.*

Se me ha acusado de ser testarudo, pero después de todo este tiempo y todos estos descubrimientos, pienso que soy fácil de convencer sobre los misterios de la vida y la posibilidad de que somos capaces de hacer mucho más de lo que sabemos.

Bien, todavía no estoy convencido de ello.

Por desgracia, muchos de nosotros no podemos explorar algo nuevo o distinto, especialmente algo tan diferente como nuestra capacidad para ver y sentir el aura humana.

Estos extraordinarios talentos, sin importar la forma que tomen, nos permiten vislumbrar nuestra capacidad espiritual y son un fundamento para nuestro vínculo con lo divino. Es irónico pensar que el uso y el dominio de estos talentos, ya sea la lectura del aura, la curación por medio de la energía, la proyección astral, la clarividencia o el análisis de la escritura (grafología) son expresiones naturales de la naturaleza humana también.

La mayoría de nosotros buscamos la verdad y el significado de la vida. En la medida en que nos acercamos al final de este siglo, muchos han dirigido su atención hacia preguntas más significativas y dejado atrás los temas superficiales. Preguntas como: ¿quién soy yo y cuál es mi misión en esta vida? Todavía se encuentran vigentes y aún sin respuesta. «¿Cómo vamos a coexistir en este diminuto planeta sin destruirnos mutuamente y a su vez el medio ambiente?». Hay una percepción general de que el tiempo se agota y que debemos cambiar viejos hábitos y percepciones para sobrevivir. Por su puesto, esto no es verdad para todos nosotros, y allí es donde encontramos los «opositores profesionales».

Estos cínicos y pensadores retrógrados han existido en todas las culturas, y el mundo actual está plagado de sus acciones. Por desgracia, algunos están en posiciones de poder y control alrededor del mundo. La verdadera tolerancia y el progresismo rara vez llegan a la cima; por el contrario, la represión social, política y espiritual es la norma, y no la excepción, en muchas partes del mundo. Los individuos progresan más rápido que las estructuras sociales como un todo.

El surgimiento de clanes con tendencias nacionalistas desde el fin de la guerra fría se ha convertido en fuerzas «antiglobales» que enfrentan a la humanidad en su inevitable camino hacia la unificación global. China, Rusia y Japón han operado como sociedades encapsuladas durante tanto tiempo que podrían pasar generaciones antes de que estas sociedades nacionalistas se integren en su totalidad con el resto del mundo. A países con leyes más arraigadas, como Irán, le llevará mucho más tiempo. Sin embargo, la población de estos países históricamente ha estado entre los más avanzados e ilustrados en arte, literatura y filosofía, contradiciendo a sus gobiernos con características represivas.

¿Es la libertad de pensamiento y el progreso espiritual un escape a la opresión social? ¿O son los gobiernos represivos una reacción conservadora al pensamiento liberal «anarquista y peligroso»? ¿Peligroso para quién? Los gobiernos e instituciones sociales de todo tipo están en el negocio de permanecer en el control, pero podrían perderlo si los librepensadores del mundo se unen como tal.

Hemos visto fotografías tomadas por los astronautas que muestran la Gran Muralla China como la única línea de demarcación visible realizada por el hombre en alguna parte del planeta. Más que eso, no hay evidencia de que países individuales existan sobre la Tierra al ser vistos desde el espacio. A pesar de todo, tenemos en la Tierra una inclinación a pensar siempre en términos de «nosotros» y «ellos».

Entonces, imagínense por un momento que los ovnis existieran realmente. No estoy afirmando que sí existen (recuerden que todavía soy un poco escéptico, dado que a diferencia de las auras, nunca he visto uno, pero supongo que aterrizaron en el césped de la Casa Blanca y en capitales alrededor del mundo a plena luz del día).

¿Cuáles serían los efectos inmediatos de tal evento?

Con estas indiscutibles evidencias de que no estamos solos en el universo, ¿supone que podríamos empezar a pensar y actuar más globalmente? ¿Al haber aceptado la idea de que hay algo diferente en el espacio exterior, y que el universo se compone de otras especies más sensibles que nosotros, comenzaríamos a comportarnos de un modo más comunitario? La política como la conocemos perdería su significado y dejaría de existir en un breve período de tiempo. El nacionalismo se volvería trivial y sería reemplazado por la especialidad. Las preocupaciones de Serbia contra Croacia serían reemplazadas por preocupaciones como la Tierra contra Alfa Centauro. El pensamiento global sería la norma, no la excepción. Pronto nos convertiríamos en los Estados Unidos de la Tierra.

Tal vez los ciudadanos del planeta Tierra ya sepan esto intuitivamente. La gran mayoría de nosotros cree en otras formas de vida en el universo, incluso si somos escépticos en los informes de raptores extraterrestres y ovnis con hombrecillos plateados que vienen de una dimensión diferente. Esta creencia en alguna forma de vida no humana podría explicar nuestro cinismo creciente por la política regular, así como nuestro desprecio por intereses individualistas y poco futuristas de muchos de nuestros políticos y líderes mundiales.

Las religiones del mundo también perderán todo su dominio, ya que las diferentes gamas de nombres se evaporarían cuando aparecieran los extraterrestres. Como todas las religiones son intentos del hombre por poner a

Dios en una botella, o más bien, en su templo, y en vista de que Dios siempre ha sido considerado por cada religión como el creador de la humanidad y salvador personal a nuestra imagen y semejanza, noticias de especies competentes más evolucionadas o avanzadas que nosotros, borraría toda huella de la relación exclusiva con lo divino de la humanidad (y de la religión).

Sin embargo, es esta relación divina en cada uno de nosotros la que brilla a través del plano personal y trasciende en las diferencias sociales y político-religiosas. Una vez más, somos, en parte, más conscientes, al menos a nivel del subconsciente, de que existe algo mucho más grande que nosotros y que estamos de alguna manera relacionados con ello. Esto tal vez pueda explicar por qué pocos vamos a la iglesia, pero muchos más consideramos la espiritualidad muy importante en nuestras vidas.

Poseemos un hambre insaciable por descubrir nuestra naturaleza supranatural y tenemos una sed inextinguible del conocimiento de nuestro vínculo con lo inmortal. Los verdaderamente ilustrados entre nosotros están ocupados en el trabajo, listos para abrir cualquier puerta hacia este conocimiento que se puede hallar, con la ciencia y las artes, convergiendo hacia el mismo punto. Quizás en ningún momento de la historia tanta gente haya buscado este conocimiento en tantos campos de investigación. La humanidad golpea en el portal cósmico con un ariete.

Lo cierto es, dicen algunos, «no cruces esa puerta», temerosos de irrumpir en el *status quo*. Algunos incluso rehúsan admitir la existencia de esa puerta, abandonando lo que pudiera estar detrás de ella. Pero el genio está fuera de la botella, y la humanidad ha probado la fruta del árbol del conocimiento. No hay forma de retorno, aun si ello ayuda en un momento dado a mirar atrás para recordar y construir sobre el conocimiento ya adquirido (y perdido) a través de los siglos. En nuestro afán por hallar las respuestas a nuestros interrogantes, sería tonto olvidar las lecciones del pasado. Después de todo, la prepotencia, o la arrogancia, fue el único pecado imperdonable en la antigua Grecia. Ser culpable de ello no admite espacios, para opiniones divergentes de otros, y pone en peligro de vida al presumido autor en el autoproclamado pináculo de la sabiduría.

«Bendito todo aquel con ojos para ver y oídos para escuchar», pero «más bendito todavía es creer sin haber visto». Algunas cosas son el resultado de la fe, y muchas cosas sobre la vida son aún, por fortuna, un misterio. No sería divertido si supiéramos todo ahora, ¿no es así? Pero si de verdad sabemos que algo es verdadero, algo que hemos experimentado, aunque no pueda explicarse o probarse científicamente, los escépticos necesitan aún reconocer que las cosas misteriosas pueden ser todavía reales.

En la manera de vivir de la época moderna, la cual podría ser llamada tecnocracia, una parte de nosotros sólo quiere creer en la «realidad comprobada». Pero la realidad puede tener muchos niveles de existencia, posiblemente contradictorios. Si cree que poseemos alma, entonces somos espíritus atrapados en el mundo material. Si cree que hay dimensiones de existencia más allá de este continuo espacio temporal, entonces ¿es ésta la realidad verdadera? o ¿estamos atrapados en una construcción «ilusoria»? La ciencia está empezando a encontrarse con interrogantes sobre la vida, que parecen pertenecer al reino de los filósofos y los teólogos, quienes, a su vez, están encontrando un sorprendente consuelo en el descubrimiento científico, estrechando de esta manera lo que solía ser un abismo insalvable entre estos mundos de pensamiento en discrepancia. En la medida en que existimos en este tiempo y espacio que denominamos realidad, suceden visiones esporádicas más allá de los límites todos los días. Los sueños, la intuición, la precognición, el rezo, la meditación, e incluso varias representaciones artísticas, trascienden esta existencia y apuntan hacia una realidad diferente.

Por desgracia, esto ocurre con el uso epidémico de las drogas alucinógenas (y una alarmante tasa de suicidios), especialmente entre los jóvenes. Parece haber un deseo natural por abandonar la existencia, aun sólo por un rato, a través de las películas, los libros, la música o los viajes, todos los cuales enlazan nuestra imaginación temporalmente y nos transportan a una realidad alternativa más allá de la vida cotidiana.

Ahora puede usar otra forma de explorar conscientemente esta dualidad del espíritu encarnado. Ha sido probada en esta realidad y nos proporciona a una conciencia alternativa de nosotros mismos y de los demás. Todo el mundo la tiene. Cualquiera puede verla. La ciencia puede medirla, e incluso fotografiarla. Los místicos han hablado sobre ella durante siglos, los artistas la han representado, los curanderos la han usado y nosotros la hemos sentido: el aura es una manifestación física especial de nuestra dualidad humana.

¿Podemos cambiar el mundo con nuestro conocimiento de la manera de ver el aura?

No, al menos no inmediatamente.

¿Traerá una mejor comprensión de quiénes somos en realidad?

¡Es posible que sí!

Como individuos, tenemos la habilidad para controlar nuestra salud y bienestar día tras día. El conocimiento del aura es una forma de medir y monitorear nuestra salud en una escala totalmente diferente, y este conocimiento se puede usar para aumentar nuestra conciencia en cuanto a de los efectos que varios aspectos de nuestro medio causa en nosotros. Podríamos decir, con suerte, que en los próximos cinco o diez años, el autoconocimiento avanzará de una forma considerable. La capacidad es latente; debemos estar preparados y no dejar que el miedo o los condicionamientos nos detengan.

Nuestro condicionamiento en contra de la creencia en sucesos de otro mundo o extrasensoriales es muy fuerte. Las auras son sólo un punto más para los que hemos sido condicionados a creer que no es posible que puedan existir. Ésa fue, efectivamente, mi primera reacción cuando me enseñaron a verlas. Pero a medida que me fui adaptando y me acostumbré a ver el aura, me di cuenta de cuán natural y de «este mundo» se había vuelto nuestro campo eléctrico y magnético visible.

Poco a poco, mi resistencia y escepticismo se han ido desmoronando.

A medida que se vuelve más adepto a ver el campo de energía alrededor de usted mismo y de los demás, su curiosidad podría llevar, como me sucedió a mí, a estudiar campos afines. Si ya tiene interés en estas áreas, la percepción áurica posiblemente aumentará su conocimiento. Con frecuencia buscamos respuestas en todos los lados menos donde se encuentra el conocimiento real: en nosotros mismos. La visión áurica, una vez lograda, no es más que un paso dentro de un viaje al autoconocimiento y a la satisfacción personal.

Apéndice I

EJERCICIOS ÁURICOS

Los siguientes ejercicios le enseñan a ver el aura tanto en usted mismo como en los demás, usando diez pasos simples. Los diagramas muestran la posición adecuada para la observación y las dos capas de campos áuricos que nos rodean.

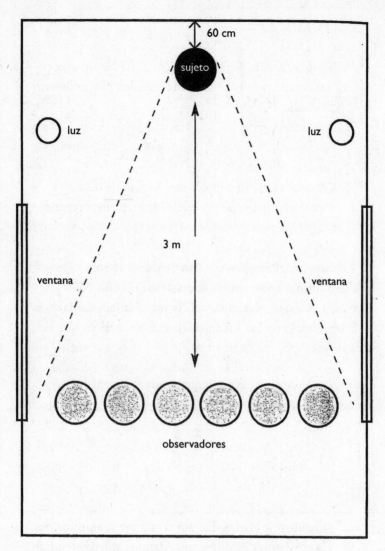

FIGURA 1: DIAGRAMA DE VISUALIZACIÓN

Cómo ver el aura

1. Ubique al sujeto a unos 60 cm al frente de una pared totalmente blanca. Evite paredes con colores o diseños.

2. Use iluminación indirecta. Si es posible, la luz del día en un ambiente natural. Evite la luz fluorescente o la luz solar directa.

3. Observe al sujeto a por lo menos 3 m de distancia.

4. Pídale al sujeto que se relaje, que respire profundamente y que se balancee suavemente de lado a lado con las manos sueltas a los lados.

5. Pase la mirada por la cabeza y los hombros del sujeto y fíjela sobre la pared detrás de él.

6. Evite mirar al sujeto, concentrándose más bien en la textura de la pintura o la superficie detrás de él.

7. A medida que pase la mirada haciendo el croquis del cuerpo, donde el aire comienza y el cuerpo se detiene, verá una franja de luz borrosa alrededor del sujeto de aproximadamente 1 o 1,5 cm de profundidad. Se trata del aura etérea.

8. Continúe mirando el croquis del cuerpo y observará al sujeto como si estuviera iluminando por detrás, algunas veces con un color amarillo vivo o plateado. Un lado puede parecer más brillante o pulsar más lentamente que el otro. Las auras rara vez son uniformes.

9. Cada persona es diferente. Algunos sujetos tendrán auras menos visibles que otros, cada observador no verá siempre los colores al principio. La envoltura

borrosa o aureola alrededor de cuerpo será perceptible durante un tiempo muy corto, por lo general un minuto o menos.

10. Trate de experimentar con diferentes sujetos y experimente con la iluminación y el fondo. Pronto verá una segunda y más amplia franja de luz de unos 7 a 30 cm alrededor del cuerpo. Ésta es el aura astral. Es normalmente más oscura y más difusa.

Cómo ver su aura

1. Póngase frente a un espejo, a unos 45 cm de distancia, o más lejos si es posible.

2. Ubíquese en una superficie blanca o de color neutra visible en el espejo y detrás de usted.

3. Relájese, respire profundamente y balancee el cuerpo suavemente de lado a lado.

4. Concéntrese en la textura de la superficie de la pared detrás de usted.

5. A medida que pasa la mirada por la silueta de su cabeza y hombros, verá que la envoltura de luz alrededor de su cuerpo se mueve con usted a medida que se balancea de manera lenta.

6. Recuerde respirar mientras hace esto, puesto que ahora usted es observador y sujeto a la vez.

7. La iluminación debe ser tenue, ni muy brillante ni muy oscura. Experimente. Las auras no se pueden ver en total oscuridad, y la luz brillante desvanecerá todo menos la más brillante de las auras.

8. El color de la ropa no es importante. Podría descubrir que su color áurico desentona con ciertas prendas de su ropero, pero verá sus colores verdaderos sin importar lo que lleve puesto.

9. Experimente proyectando un color. Piense en un color y trate de visualizarlo. Puede cambiar su color de base lineal de forma temporal a través de esta clase de ejercicios y el cambio puede visualizarse.

10. Mientras exhala, el aura deberá agrandarse más. Contar de 1 a 30 en un tono de voz normal le ayudará a liberar energía. Respire cada dos números. Aumente la velocidad de la cuenta desde el número 20, sin respirar, y observe cómo su aura varía de tamaño y vibración. A medida que vuelve a una respiración normal tranquila, el aura recuperará su tamaño inicial, pero puede que aparezca un poco más brillante.

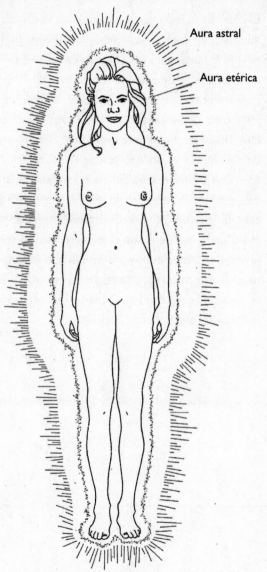

Aura astral

Aura etérica

FIGURA 2. AURA ETÉRICA Y ASTRAL

Guía general

Todo el mundo puede ver la primera capa de aura etérea, que está más pegada al cuerpo, y por lo general es la más brillante. La segunda capa áurica astral está mucho más lejos de la piel y es más difusa. Fíjese en que los colores cambian y se mezclan en estos dos campos, presentándose rara vez una línea de separación entre ellos.

El diagrama en la página anterior se incluye sólo como una guía de localización aproximada. Las auras no son iguales, e incluso la presentación áurica de una misma persona cambia con frecuencia. La gran variedad de campos áuricos que usted verá a medida que practica sus observaciones es limitada sólo por el número de sujetos observados.

Apéndice II

SIGNIFICADO DE LOS COLORES Y SU LOCALIZACIÓN

Los colores tienen características emocionales diferentes que han sido reconocidas en la mayoría de las culturas. La siguiente guía puede ser utilizada para un análisis general del efecto de los colores en el cuerpo.

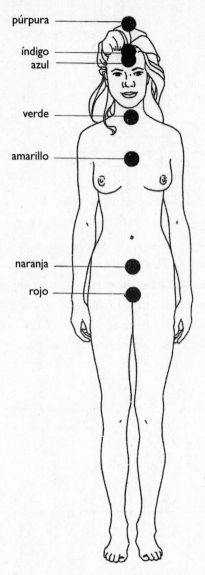

púrpura

índigo
azul

verde

amarillo

naranja

rojo

FIGURA 3: LOS COLORES Y EL CHAKRA

Relación de los colores con el chakra

Púrpura   chakra 7
            el espíritu

Índigo   chakra 6
            el tercer ojo

Azul   chakra 5
            la mente

Verde   chakra 4
            la glándula endocrina

Amarillo   chakra 3
            el corazón

Naranja   chakra 2
            el bazo

Rojo   chakra 1
            los genitales

Tabla de colores

Púrpura: talento espiritual, conexión divina, comprensión mística, conciencia cósmica. «Vestimenta púrpura». Se localiza en la glándula pituitaria.

Índigo: pensamiento inspirado o sabiduría profunda. Puede demostrar espiritualidad y naturaleza devota. Artístico y armonioso con la naturaleza. Autodominio. Se localiza en la glándula pineal.

Azul: poderes mentales fuertes, inteligencia, pensamiento lógico. El azul claro muestra capacidades intuitivas; «como caído del cielo». Los tonos oscuros muestran naturaleza sospechosa y sobreanalítica o mentalidad visionaria. Se centra en el cerebro.

Verde: equilibrio, armonía, sanación, la fuerza que calma. El verde claro muestra adaptabilidad, versatilidad. Los tonos oscuros son engañosos, celosos; «verde de la envidia». Se localiza en la tiroides y el área del cuello.

Amarillo: amor y bondad, compasión, optimismo; «el respirar de la vida». El amarillo oscuro y sin vida muestra suspicacia, codicia. Se centra en el plexo solar y la región cardíaca.

Naranja: energía y salud, vitalidad física, fuerza dinámica. El orgullo puede resultar demasiado naranja en el aura. El naranja oscuro muestra un intelecto bajo. Se centra en el estómago y el área del bazo.

Rojo: vida física, vitalidad, ambición, poder sexual.
El rojo oscuro muestra tendencias violentas o
apasionadas; «rojo de la ira». Se centra en el área
genital.

Otros colores

Escarlata: lujuria, pasiones bajas, materialismo.
Rosado: amor desinteresado, ternura, modestia.
Café: avaricia, egoísmo.
Dorado: ego más alto, buenas cualidades, armonía.
Plateado: versatilidad, alta energía, cambio constante.
Gris: depresión, baja energía, miedo.
Negro: siniestro, malicia, intención perversa

SOBRE EL AUTOR

Hacia el final de su vida, mi padre escribió que yo era «quizás la persona más creativa y feliz que había conocido». Mis hermanos compañeros jesuitas, comparaban mi carácter con el de un «muchacho viviendo siempre la Navidad». Todo lo que sé es que fui afortunado al escoger unos padres maravillosos, por crecer en un ambiente estimulante, y de alguna manera, por lograr evitar la autodestrucción mientras llevaba una vida desordenada sin ningún tipo de limitaciones ni dirección.

Por lo tanto, usted podría decir que las experiencias de toda mi vida son las credenciales que me permiten escribir desde el punto de vista de un estudiante curioso. Las transformaciones que me han ocurrido en este proceso de descubrimiento y (finalmente) de entendimiento de lo que considero cierto son los motivos que me impulsan a escribir. Quiero difundir las buenas noticias y dejar que todo el mundo conozca los secretos.

ÍNDICE